Ontdek gratis online spelletjes

Hier verkrijgbaar:

BestActivityBooks.com/FREEGAMES

5 TIPS OM TE BEGINNEN!

1) HOE OP TE LOSSEN

De Puzzels zijn in een Klassiek Formaat:

- Woorden worden verborgen zonder pauzes (geen spaties, streepjes, ...)
- Oriëntatie: Voorwaarts & Achterwaarts, Boven & Beneden of in Diagonaal (kan in beide richtingen)
- Woorden kunnen elkaar overlappen of kruisen

2) ACTIEF LEREN

Naast elk woord is een spatie voorzien om de vertaling te noteren. Om actief te leren vindt u een **WOORDENBOEK** aan het einde van deze editie om uw kennis te controleren en uit te breiden. U kunt elke vertaling opzoeken en opschrijven, de woorden in de puzzel vinden en ze vervolgens aan uw woordenschat toevoegen!

3) TAG JE WOORDEN

Hebt u al geprobeerd een labelsysteem te gebruiken? U zou bijvoorbeeld de woorden die moeilijk te vinden waren kunnen markeren met een kruis, de woorden die u leuk vond met een ster, nieuwe woorden met een driehoek, zeldzame woorden met een ruit enzovoort...

4) ORGANISEER UW LEREN

Wij bieden ook een handig **NOTITIEBOEKJE** aan het eind van deze uitgave. Of u nu op vakantie, op reis of thuis bent, u kunt uw nieuwe kennis gemakkelijk ordenen zonder dat u een tweede notitieboek nodig hebt!

5) AFGESLOTEN?

Ga naar de bonussectie: **FINAAL UITDAGING** om een gratis spel te vinden dat aan het einde van deze editie wordt aangeboden!

Wil je meer leuke en leerzame activiteiten? Het is Snel en Eenvoudig! Een hele collectie spelboeken slechts **één klik verwijderd!**

Vind uw volgende uitdaging bij:

BestActivityBooks.com/MijnVolgendeBoek

Klaar... Start!

Wist u dat er zo'n 7000 verschillende talen in de wereld zijn? Woorden zijn kostbaar.

We houden van talen en hebben hard gewerkt om de boeken van de hoogste kwaliteit voor u te maken. Onze ingrediënten?

Een selectie van onmisbare leerthema's, drie grote plakken plezier, dan voegen we er een lepel moeilijke woorden en een snuifje zeldzame woorden aan toe. We serveren ze met zorg en een maximum aan verrukking, zodat je de beste woordspelletjes kunt oplossen en veel plezier beleeft aan het leren!

Uw feedback is essentieel. U kunt een actieve bijdrage leveren aan het succes van dit boek door een recensie achter te laten. Vertel ons wat u het meest beviel in deze editie!

Hier is een korte link die u naar uw bestelpagina brengt:

BestBooksActivity.com/Recensies50

Bedankt voor uw hulp en veel plezier met het spel!

Linguas Classics

1 - Metingen

P	D	R	Y	Þ	G	X	I	Q	O	I	S	A	G
Q	T	K	N	U	R	V	V	K	U	X	V	U	O
Y	O	O	G	K	A	I	K	Í	S	N	X	K	S
S	M	Þ	M	N	M	E	Þ	L	W	S	J	A	P
T	E	Y	B	M	M	T	H	Ó	B	C	H	S	L
F	S	N	Æ	D	U	X	Á	M	P	U	H	T	M
Y	S	G	T	R	K	X	L	E	N	G	D	A	Æ
Q	I	D	I	I	X	Ð	F	T	I	Y	Ý	F	L
Ú	B	W	D	U	M	J	P	R	L	Z	P	M	I
Y	N	H	Æ	Ð	M	E	O	A	Í	T	T	K	R
O	A	S	K	Í	L	Ó	T	D	T	T	O	N	N
U	Ð	Q	A	T	A	C	T	R	R	F	J	H	X
B	R	E	I	D	D	B	U	B	I	N	D	I	Ð
H	M	Í	N	Ú	T	A	R	V	S	X	R	T	N

BREIDD
BÆTI
SENTIMETR
AUKASTAF
DÝPT
ÞYNGD
GRAMM
HÆÐ
TOMMU
KÍLÓ

KÍLÓMETRA
LENGD
LÍTRI
MESSI
MÆLIR
MÍNÚTA
ÚNSA
HÁLFPOTTUR
TONN
BINDI

2 - Keuken

```
S  E  R  V  Í  E  T  T  A  A  M  U  H  S
Đ  M  M  P  Y  H  O  X  D  L  A  H  S  V
K  E  T  I  L  L  A  D  U  G  T  T  F  A
R  X  Y  S  H  Z  C  Q  W  R  U  O  B  M
Y  A  E  F  Y  S  G  K  Q  I  R  B  G  P
D  P  G  M  X  K  Z  S  O  L  Đ  M  Đ  U
D  N  I  P  Q  A  V  H  Þ  L  O  F  N  R
K  V  Đ  N  L  U  P  P  S  K  R  I  F  T
D  B  B  F  N  S  K  E  I  Đ  A  R  O  S
S  K  Á  L  L  A  V  B  Q  Q  W  N  R  G
C  Ö  U  R  D  K  R  U  K  K  U  Þ  K  E
H  N  B  O  L  L  A  H  N  Í  F  A  S  L
R  N  U  G  L  F  R  Y  S  T  I  Y  U  D
F  U  Í  S  S  K  Á  P  U  R  U  N  B  H
```

BOLLA

PINNAR

GRILL

KETILL

ÍSSKÁPUR

SKÁL

KÖNNU

SKEIÐAR

HNÍFA

OFN

AUSA

KRUKKU

UPPSKRIFT

SVUNTU

SERVÍETTA

KRYDD

SVAMPUR

MATUR

FORKS

FRYSTI

3 - Boten

```
P  G  A  C  Đ  B  Đ  M  K  E  M  I  S  S
X  W  V  D  J  R  S  Z  A  A  J  X  L  J
Đ  I  Đ  A  O  Y  T  I  R  S  J  B  P  Ó
H  A  F  O  F  G  Ö  V  Q  N  T  A  J  M
X  K  U  E  C  G  Đ  T  J  O  D  U  K  A
S  N  E  K  K  J  U  F  E  R  J  A  R  Đ
E  Q  Z  O  V  U  V  F  L  E  K  I  S  U
S  J  Ó  Ö  É  B  A  R  I  V  E  R  J  R
S  T  O  X  L  Z  T  K  A  N  Ó  N  Ó  K
R  D  Đ  S  X  D  N  N  Y  L  P  R  M  V
A  K  K  E  R  I  U  G  P  Þ  T  E  A  A
Á  H  Ö  F  N  Y  U  R  E  U  A  I  N  S
S  E  G  L  B  Á  T  U  R  U  W  P  N  H
O  Đ  E  T  U  C  T  W  V  K  Þ  I  A  P
```

AKKERI	STÖÐUVATN
ÁHÖFN	VÉL
BAU	SJÓMANNA
BRYGGJU	HAF
ÖLDUR	RIVER
SNEKKJU	REIPI
KAJAK	FERJA
KANÓ	FLEKI
MASTUR	SJÓ
SJÓMAÐUR	SEGLBÁTUR

4 - Chocolade

```
A  H  L  A  N  O  C  M  P  S  W  T  Z  E
N  I  Ð  J  Y  D  R  C  X  Y  I  D  E  Ð
D  T  I  H  Ú  U  P  P  S  K  R  I  F  T
O  A  E  N  R  F  A  R  W  U  R  E  N  V
X  E  N  E  K  T  F  N  A  R  E  M  I  L
U  I  N  T  W  A  K  E  X  B  I  T  U  R
N  N  L  U  M  P  R  K  N  Ð  R  P  F  V
A  I  L  M  U  R  N  A  R  G  G  A  X  F
R  N  Þ  W  Y  X  A  K  M  P  U  E  G  I
E  G  R  Ð  Z  I  M  Ó  X  E  B  R  Æ  Ð
F  A  Á  I  P  B  M  I  P  Z  L  Q  Ð  R
N  R  Q  W  P  J  I  Q  Q  E  R  L  I  H
I  F  R  K  Ó  K  O  S  H  N  E  T  A  X
S  Æ  T  U  R  F  R  A  M  A  N  D  I  G
```

ANDOXUNAREFNI	GÆÐI
ILMUR	HNETUM
BITUR	DUFT
KAKÓ	UPPSKRIFT
HITAEININGAR	BRAGÐ
FRAMANDI	NAMMI
LJÚFFENGUR	SYKUR
EFNI	ÞRÁ
KARAMELLA	SÆTUR
KÓKOSHNETA	

5 - Tijd

```
Í  D  A  G  Q  S  R  Z  D  V  K  Á  K  C
Q  L  T  M  Í  N  Ú  T  A  I  O  R  L  T
Í  G  Æ  R  T  E  Ó  U  Ð  K  L  A  U  A
R  I  E  D  S  M  O  T  G  A  E  T  K  D
H  U  W  Y  G  M  P  M  T  Q  F  U  K  A
F  Á  S  B  D  A  B  O  D  Z  T  G  U  G
L  R  D  M  O  R  G  U  N  N  I  U  S  U
N  L  M  E  B  S  V  P  Á  R  R  R  T  R
B  E  Þ  Á  G  F  R  A  M  T  Í  Ð  U  O
Q  G  F  S  N  I  H  S  F  G  N  Ú  N  A
G  A  K  K  L  U  K  K  A  Ö  L  D  D  L
E  S  L  E  J  N  Ð  D  A  G  A  T  A  L
Ð  N  Þ  D  T  L  Þ  U  X  K  L  T  F  V
O  C  C  J  O  U  V  Q  R  L  T  O  J  C
```

DAGUR	MÍNÚTA
ÁRATUGUR	EFTIR
ÖLD	NÓTT
Í GÆR	NÚNA
ÁR	MORGUNN
ÁRLEGA	FRAMTÍÐ
DAGATAL	KLUKKUSTUND
KLUKKA	Í DAG
MÁNUÐUR	SNEMMA
HÁDEGI	VIKA

6 - Meditatie

```
K P H L O G N S A M T Ö K P
N S A M Þ Y K K I R G N G H
Á Z M V M S T S K C I D Ó U
T Þ I A S J K Ó T T Q U Ð G
T U N K Y Ó Y Ý N T T N V S
Ú I G A X N Þ Ð R L L A I A
R A J N F A A A S L I Þ L N
A X A D R R K N O A E S D I
N Z I I H K D V T M I T R
Þ Ö G N Ð O L L Y H D Ú K W
P I O J U R Æ E B U V T Ð I
Q C Z T R N T G A G Z N Þ M
L D G R C I I T D U G J P F
A T H Y G L I F E N Q Z P C
```

ATHYGLI	ANDLEGT
SAMÞYKKI	TÓNLIST
ÖNDUN	NÁTTÚRAN
SAMTÖK	ATHUGUN
ÞAKKLÆTI	SJÓNARHORNI
HUGSANIR	ÞÖGN
HAMINGJA	FRIÐUR
SKÝRLEIKI	GÓÐVILD
LOGN	VAKANDI
SAMÚÐ	

7 - Zomer

```
Þ  F  J  B  G  C  T  F  M  M  F  T  E  K
F  U  T  H  X  Q  F  Ú  Ð  V  E  Ó  L  Q
G  S  N  I  U  S  S  T  J  Ö  R  N  U  R
B  A  V  Y  C  W  A  J  V  S  Ð  L  M  F
N  Æ  R  Y  M  J  F  Æ  P  L  A  I  I  J
H  D  K  Ð  G  L  E  Ð  I  Ö  S  S  N  Ö
E  Ð  D  U  U  K  P  A  I  K  T  T  N  L
I  I  Y  N  R  R  T  V  J  U  M  L  I  S
M  Q  F  J  A  R  A  Ð  I  N  J  S  N  K
Þ  B  R  T  Í  M  I  S  T  N  U  J  G  Y
L  Ð  Í  P  F  A  B  S  M  X  I  Ó  A  L
K  Ö  F  U  N  T  F  D  U  I  Y  R  R  D
Ð  W  X  Þ  R  U  O  A  Ð  S  Y  N  D  A
B  R  Z  V  A  R  X  E  S  H  H  S  K  Ó
```

BÆKUR	STJÖRNUR
KÖFUN	FJARA
FJÖLSKYLDA	GARÐUR
MINNINGAR	FRÍ
HEIM	MATUR
ÚTJÆÐA	GLEÐI
TÓNLIST	VINIR
SLÖKUN	TÍMIST
FERÐAST	SJÓ
SKÓ	AÐ SYNDA

8 - Vogels

```
I  A  P  M  J  K  I  J  E  L  V  S  S  S
M  J  Q  G  B  E  R  P  W  B  P  T  P  T
P  E  A  C  O  C  K  Á  W  N  Á  R  A  O
H  G  M  M  Á  F  U  R  K  W  F  Ú  R  R
E  G  Æ  S  Ö  S  G  W  D  A  A  T  R  K
R  U  G  L  A  R  O  K  Ú  V  G  U  O  U
O  O  Ð  A  D  I  G  J  F  Y  A  R  W  R
N  J  X  T  U  G  S  Æ  A  A  U  S  H  P
Þ  O  Q  W  T  K  G  W  S  A  K  V  R  E
J  H  V  Þ  T  O  U  C  A  N  U  A  F  L
E  T  O  A  J  R  A  R  Þ  B  R  N  Q  I
F  L  A  M  I  N  G  O  T  P  Z  U  L  C
K  J  Ú  K  L  I  N  G  U  R  L  R  L  A
H  A  U  Þ  F  N  Y  U  Þ  Ð  Ö  N  D  N
```

DÚFA
ÖND
EGG
FLAMINGO
GÆS
KJÚKLINGUR
GAUKUR
KRÁKA
MÁFUR
SPARROW

STORKUR
PÁFAGAUKUR
PEACOCK
PELICAN
MÖRGÆS
HERON
STRÚTUR
TOUCAN
UGLA
SVANUR

9 - Behoud

```
H B H U A V H Þ Þ P S E Z
E R S R Q A M V E M E P N R
I E J T I R Z E F N I K D Ð
L Y Á M T N M Ð N E X Q U Þ
S T L E Y E G U R G V K R U
A I F N U I R R R B U C V M
B N B N S R Æ F Á Ú Z N I H
I G O T J I N A M S N V N V
O A Ð U Á C T R Q V M A N E
H R A N L Y U F K Æ I T A R
G B L Í F R Æ N T Ð N N Ð F
R Q I T B M B Q Þ I N Ð D I
S Z Ð K Æ F P M M X K S Y S
E U I Þ R I N J M O A O Þ N
```

EFNI	LÍFRÆNT
SJÁLFBÆR	VARNEIRI
HRINGRÁS	ENDURVINNA
HEILSA	BREYTINGAR
GRÆNT	MINNKA
BÚSVÆÐI	MENGUN
VEÐURFAR	SJÁLFBOÐALIÐI
UMHVERFIS	VATN
MENNTUN	

10 - Wiskunde

```
Þ  R  Í  H  Y  R  N  I  N  G  U  R  S  S
X  X  B  K  Ú  L  A  D  E  Y  B  K  U  A
H  O  R  N  K  P  S  L  E  T  H  N  M  M
K  E  O  J  A  F  N  A  B  I  Z  Y  M  H
I  N  T  Þ  O  U  D  F  Ð  I  L  E  A  L
T  G  T  N  C  Q  M  K  U  Þ  N  D  I  I
T  Ö  L  U  R  F  L  M  T  W  X  D  K  Ð
A  U  K  A  S  T  A  F  Á  A  I  Y  I  A
Þ  V  E  R  M  Á  L  K  B  L  M  W  A  C
X  N  F  E  R  N  I  N  G  U  R  B  P  P
M  R  É  T  T  H  Y  R  N  I  N  G  U  R
M  A  R  G  H  Y  R  N  I  N  G  N  I  J
V  E  L  D  I  S  V  Í  S  I  R  G  Y  Q
G  Y  Y  I  O  H  R  Ú  M  F  R  Æ  Ð  I
```

KÚLA	UMMÁL
AUKASTAF	SAMHLIÐA
ÞVERMÁL	RÉTTHYRNINGUR
DEILD	TÖLUR
ÞRÍHYRNINGUR	SUMMA
VELDISVÍSIR	MARGHYRNING
BROT	JAFNA
RÚMFRÆÐI	FERNINGUR
HORN	BINDI

11 - Camping

```
K O R T N C D C E T S L K O
N G G R R Á S K Ó G U R W N
Y P P É B M T U A Q Þ N O H
S K O R D Ý R T L U K T G J
Á O J R E D S V Ú E T G H L
Æ T F J A L L E K R K W E Y
V K T H P L D I A E A D N T
I L T A D B I Ð N I U N G J
N E U T V H J A Ó P C M I A
T F Þ T Þ I O W P I I W R L
Ý A J U P C T E L D U R Ú D
R Þ O R R R Þ A Þ Ý U S M B
I K I X T C Þ A I R E U T X
X D R Þ Y S T Ö Ð U V A T N
```

ÆVINTÝRI	VEIÐA
FJALL	KORT
TRÉ	KANÓ
SKÓGUR	ÁTTAVITA
ELDUR	LUKT
KLEFA	TUNGL
DÝR	STÖÐUVATN
HENGIRÚM	NÁTTÚRAN
HATTUR	TJALD
SKORDÝR	REIPI

12 - Activiteiten

```
O  K  L  J  Ó  S  M  Y  N  D  U  N  H  H
P  E  G  E  I  Ð  V  E  I  Ð  I  Q  B  Æ
Þ  R  A  U  T  I  R  A  O  S  R  K  Y  F
J  A  R  R  V  J  Þ  L  E  S  T  U  R  N
K  M  Ð  U  T  K  V  I  R  K  N  I  Ú  I
W  I  Y  E  Í  J  W  S  R  X  P  L  T  C
M  K  R  D  M  O  W  T  L  N  I  B  J  U
R  D  K  A  I  Á  Y  S  P  Ö  Q  B  Æ  T
G  U  J  N  S  N  L  J  G  V  K  M  Ð  S
U  A  A  S  T  Æ  L  V  F  T  F  U  A  A
S  E  L  A  R  G  R  E  E  T  I  I  N  U
O  W  R  D  Ð  J  N  I  H  R  N  A  M  M
K  A  G  K  U  A  D  Ð  V  Y  K  I  E  A
X  A  P  K  J  R  H  A  N  D  V  E  R  K
```

VIRKNI	GALDUR
HANDVERK	SAUMA
DANSA	SLÖKUN
LJÓSMYNDUN	ÁNÆGJA
VEIÐI	ÞRAUTIR
VEIÐA	MÁLVERK
ÚTJÆÐA	GARÐYRKJA
KERAMIK	HÆFNI
LIST	TÍMIST
LESTUR	

13 - Vormen

```
R  R  É  T  T  H  Y  R  N  I  N  G  U  R
F  U  L  Í  N  A  K  U  D  I  K  Þ  C  V
M  E  M  Z  W  R  Ú  H  L  I  Ð  R  N  Ð
A  B  R  F  Z  C  L  Y  V  J  S  Í  N  P
R  C  V  I  E  V  A  P  G  U  R  H  U  K
G  V  S  T  L  R  K  E  I  L  A  Y  O  Þ
H  E  P  E  S  L  Ð  R  F  N  A  R  N  Q
Y  O  Ý  N  S  L  Y  B  B  R  Ú  N  I  R
R  P  R  I  S  M  R  O  U  O  F  I  W  A
N  F  A  N  H  F  X  L  C  T  U  N  X  V
I  C  M  G  R  L  Z  A  M  D  V  G  C  G
N  N  Í  U  I  T  X  B  K  O  Þ  U  I  G
G  F  D  R  N  N  A  Q  H  B  W  R  K  A
S  E  A  F  G  S  T  R  O  K  K  A  Q  G
```

KÚLA	KEILA
ARC	TENINGUR
STROKKA	LÍNA
HRING	PÝRAMÍDA
FERILL	PRISM
ÞRÍHYRNINGUR	BRÚNIR
HORN	RÉTTHYRNINGUR
HYPERBOLA	UMFERÐ
HLIÐ	MARGHYRNING

14 - Astronomie

```
E  S  T  J  A  R  N  A  D  Ð  S  X  B  T
Q  A  W  C  Ð  C  H  L  R  Q  T  H  N  U
U  D  Z  W  U  T  T  O  S  G  J  B  O  N
I  Ý  Z  Ð  T  N  O  F  Y  Þ  Ö  Q  H  G
N  R  E  I  K  I  S  T  J  A  R  N  A  L
O  I  O  F  R  G  M  S  E  G  N  Ð  I  S
X  R  Þ  J  H  E  Á  T  L  E  U  X  A  J
J  Ö  R  Ð  H  I  S  E  D  I  M  P  L  Ó
C  O  S  M  O  S  T  I  F  M  E  S  H  N
B  Q  T  Z  S  L  I  N  L  F  R  H  E  A
P  Ð  X  Z  T  U  R  P  A  A  K  S  I  U
C  L  K  B  I  N  N  F  U  R  I  K  M  K
L  Þ  O  K  K  A  I  P  G  I  R  Þ  U  I
R  O  B  S  E  R  V  A  T  O  R  Y  R  P
```

JÖRÐ
SMÁSTIRNI
GEIMFARI
DÝRIR
EQUINOX
COSMOS
TUNGL
LOFTSTEIN
ÞOKKA

OBSERVATORY
REIKISTJARNA
ELDFLAUG
STJARNA
STJÖRNUMERKI
GEISLUN
SJÓNAUKI
ALHEIMUR

15 - Emoties

```
P  Z  G  Þ  L  E  R  Y  Q  I  Q  L  S  Q
K  G  V  V  A  E  Y  K  W  A  F  É  P  Ð
A  B  L  U  P  K  I  M  Q  Þ  B  T  E  E
F  R  I  Ð  U  R  K  Ð  S  I  O  T  N  J
S  O  R  G  W  B  F  L  I  L  N  I  N  A
L  H  K  Ó  A  J  K  O  Á  N  I  R  T  E
A  V  A  Ð  C  O  L  G  S  T  D  M  Ó  O
P  U  K  V  Z  Z  N  N  T  T  U  I  T  E
P  E  B  I  S  A  M  Ú  Ð  V  R  R  T  F
A  X  G  L  E  Ð  I  S  Æ  L  A  A  I  N
Ð  J  X  D  F  U  L  L  N  Æ  G  T  J  I
U  V  A  N  D  R  Æ  Ð  A  L  E  G  U  R
R  P  Z  E  R  Ó  R  E  I  Ð  I  C  X  Þ
P  X  V  H  N  D  L  A  O  R  T  H  L  D
```

ÓTTI	LÉTTIR
VANDRÆÐALEGUR	RÓ
ÞAKKLÁTUR	SAMÚÐ
SORG	EYMSLI
SÆLA	FULLNÆGT
EFNI	LEIÐINDI
LOGN	FRIÐUR
ÁST	GLEÐI
AFSLAPPAÐUR	GÓÐVILD
SPENNT	REIÐI

16 - Vakantie #2

```
R  M  D  T  C  L  F  Q  K  F  Z  S  C  X
T  Í  M  I  S  T  Þ  E  O  T  J  U  X  I
S  Y  C  B  S  X  I  N  R  F  N  A  Ð  Á
Ð  P  F  N  L  H  Ð  I  T  Ð  X  G  R  F
E  R  L  E  N  D  U  M  H  M  S  C  O  A
Ú  S  U  Y  M  V  E  G  A  B  R  É  F  N
T  A  G  J  Y  Y  M  G  J  E  L  F  T  G
J  M  V  A  I  S  N  V  E  N  U  J  J  A
Æ  G  Ö  T  A  X  I  D  O  N  F  Ö  A  S
Ð  Ö  L  E  S  T  J  A  I  Ð  R  L  L  T
A  N  L  H  Ó  T  E  L  L  R  Í  L  D  A
Þ  G  U  Ð  F  Ð  S  J  Ó  E  E  H  D  Ð
N  U  R  B  A  U  K  R  Z  Z  C  S  L  U
Q  R  Ú  T  L  E  N  D  I  N  G  U  R  R
```

FJÖLL	VEGABRÉF
ÁFANGASTAÐUR	FERÐ
ÚTLENDINGUR	FJARA
ERLENDUM	TAXI
EYJA	TJALD
MYNDIR	LEST
HÓTEL	FRÍ
KORT	SAMGÖNGUR
ÚTJÆÐA	TÍMIST
FLUGVÖLLUR	SJÓ

17 - Weersomstandigheden

```
S  T  Þ  V  R  R  A  M  R  B  E  Þ  P  Þ
S  T  O  R  M  U  R  M  E  F  L  Ó  Ð  Y
Y  L  J  R  U  V  U  Þ  G  Þ  D  K  F  K
B  V  E  Ó  N  M  K  I  N  G  I  A  E  D
E  I  X  J  R  A  U  C  B  F  N  J  L  S
V  N  Y  I  H  N  D  R  O  V  G  S  L  F
R  D  S  P  A  R  M  O  G  M  U  K  I  H
Þ  U  R  R  K  A  R  Á  I  O  C  Ý  B  I
T  R  O  P  I  C  A  L  L  N  W  H  Y  T
I  P  R  O  C  G  R  K  Y  S  J  V  L  A
S  F  B  L  D  N  C  V  S  Ú  C  G  U  S
Z  S  Y  A  Y  H  I  M  I  N  N  I  R  T
U  F  I  R  V  I  D  F  Í  R  A  K  T  I
V  E  Ð  U  R  F  A  R  S  S  Q  O  L  G
```

STJÓRNMÁL
ELDING
ÞRUMUR
ÞURRKAR
HIMINN
ÍS
VEÐURFAR
ÞÓKA
MONSÚN
FELLIBYLUR

FLÓÐ
POLAR
REGNBOGI
STORMUR
HITASTIG
TORNADO
TROPICAL
RAKT
VINDUR
SKÝ

18 - Strand

```
S  B  S  E  G  L  B  Á  T  U  R  I  F  N
J  S  T  Z  Ð  W  B  Z  W  J  E  Y  J  A
Ó  O  R  S  H  A  F  O  R  H  G  K  Þ  Ð
F  Ð  Ö  K  K  B  Á  T  U  R  N  M  R  Þ
Y  V  N  Ó  Q  E  Ð  N  Q  B  H  Ð  Y  M
H  H  D  K  J  P  L  I  Q  M  L  Ó  N  Þ
U  C  I  L  Q  E  N  J  S  P  Í  Á  K  U
Y  S  N  A  N  V  J  S  A  Ó  F  I  R  Y
S  R  N  S  A  N  D  U  R  R  L  Z  A  B
C  P  I  H  A  N  D  K  L  Æ  Ð  I  B  F
E  B  R  Y  G  G  J  U  C  H  M  W  B  R
N  H  F  E  A  Ð  S  Y  N  D  A  Ð  I  Í
G  Þ  J  J  P  P  Þ  Y  G  A  B  A  T  M
T  U  T  R  Y  X  M  W  B  N  N  V  Q  B
```

BLÁR	RIF
BÁTUR	SKÓ
BRYGGJU	SKELJAR
EYJA	FRÍ
HANDKLÆÐI	SANDUR
KRABBI	SJÓ
STRÖNDINNI	SEGLBÁTUR
LÓN	SÓL
HAF	AÐ SYNDA
REGNHLÍF	

19 - Eten #2

```
Z  Ð  H  V  E  I  T  I  E  L  B  T  H  J
S  P  E  R  G  I  L  K  Á  L  R  I  Y  Ó
E  Z  G  Ð  Í  O  A  Í  L  K  A  O  C  G
G  U  R  B  V  S  H  V  X  Z  U  D  S  Ú
G  S  J  A  W  N  G  Í  Þ  B  Ð  J  L  R
A  X  I  N  B  Q  O  R  J  L  D  P  F  T
L  P  N  A  M  P  X  S  J  E  P  L  I  T
D  S  A  N  R  I  W  K  T  Ó  X  C  S  Ó
I  R  B  A  N  A  N  I  G  U  N  H  K  M
N  M  R  S  P  V  Í  N  B  E  R  W  U  A
F  E  R  S  K  J  A  K  X  F  X  O  R  T
L  G  G  O  F  R  I  A  S  P  A  S  W  H
Y  E  E  G  K  J  Ú  K  L  I  N  G  U  R
Þ  F  Y  Þ  U  V  Q  M  Ö  N  L  U  X  R
```

MÖNLU
ANANAS
EPLI
ASPAS
EGGALDIN
BANANI
SPERGILKÁL
BRAUÐ
VÍNBER
EGG

SKINKA
OSTUR
KJÚKLINGUR
KÍVÍ
FERSKJA
HRÍSGRJÓN
HVEITI
TÓMAT
FISKUR
JÓGÚRT

20 - Klimmen

```
L  Þ  Þ  H  A  H  A  N  S  K  A  Á  U  S
Í  E  J  R  V  Æ  S  G  T  O  A  S  W  T
K  L  I  Á  Ö  Ð  E  F  Í  R  W  K  S  J
A  M  O  Ð  L  N  W  K  G  T  D  O  T  Ó
M  T  Z  N  S  F  G  T  V  L  U  R  Y  R
L  W  C  H  B  Ö  U  T  É  L  P  A  R  N
E  H  E  L  L  I  G  N  L  N  Ð  N  K  M
G  J  F  C  E  O  G  U  O  Y  Y  I  U  Á
T  S  S  W  H  J  Á  L  M  U  R  R  R  L
G  O  S  T  Ö  Ð  U  G  L  E  I  K  I  X
F  C  S  É  R  F  R  Æ  Ð  I  N  G  U  R
E  L  Z  F  O  R  V  I  T  N  I  N  I  G
L  A  N  D  S  L  A  G  I  C  A  C  P  F
M  E  I  Ð  S  L  U  M  K  R  B  O  Ð  M
```

STJÓRNMÁL	STYRKUR
SÉRFRÆÐINGUR	STÍGVÉL
LÍKAMLEGT	MEIÐSLUM
LEIÐSÖGUMENN	FORVITNI
HELLI	ÞJÁLFUN
HANSKA	ÞRÖNGT
HJÁLMUR	STÖÐUGLEIKI
HÆÐ	LANDSLAGI
KORT	ÁSKORANIR

21 - Restaurant #1

```
S  Ó  S  A  A  D  I  U  E  M  N  H  K  E
E  C  J  R  Ð  I  G  B  D  A  M  N  O  L
R  X  Ð  B  B  S  S  N  A  T  Ð  Í  K  D
V  Y  L  I  O  K  Ð  K  V  U  V  F  J  H
Í  H  D  A  R  U  W  E  Á  R  W  P  Ú  Ú
E  R  S  L  Ð  R  O  S  Ð  L  E  G  K  S
T  Á  B  T  A  M  A  T  S  E  Ð  I  L  L
T  E  U  R  E  V  B  L  J  J  R  Þ  I  Y
A  F  H  Z  A  R  E  V  O  C  D  S  N  Y
Z  N  E  E  K  U  K  J  Ö  T  F  G  G  A
Þ  I  Y  I  Q  Y  Ð  A  A  Y  Q  J  U  L
O  F  N  Æ  M  I  P  Ö  N  T  U  N  R  Ð
L  R  A  X  K  A  F  F  I  N  Ð  D  I  E
G  J  A  L  D  K  E  R  I  Y  E  K  X  R
```

OFNÆMI	SKÁL
DISKUR	MATSEÐILL
BRAUÐ	HNÍF
AÐ BORÐA	STERKAN
HRÁEFNI	PÖNTUN
GJALDKERI	SÓSA
ELDHÚS	SERVÍETTA
KJÚKLINGUR	KJÖT
KAFFI	MATUR

22 - Geologie

```
K  B  M  C  S  G  Á  L  F  U  N  N  I  J
V  S  N  J  Ð  T  O  K  Ó  R  A  L  L  A
A  G  H  D  F  Ð  E  S  T  G  R  Ð  G  R
R  H  Á  L  E  N  D  I  H  E  L  L  I  Ð
S  Ý  R  A  H  Þ  V  G  N  V  A  D  T  S
Z  K  M  G  G  P  R  V  N  E  E  H  P  K
S  T  A  L  A  C  T  I  T  E  F  R  W  J
K  A  L  S  Í  U  M  Q  W  X  A  N  X  Á
K  R  I  S  T  A  L  L  A  R  O  F  I  L
S  V  Æ  Ð  I  F  F  K  H  F  S  B  P  F
S  Q  M  O  H  Ð  H  R  A  U  N  I  M  T
S  A  S  T  A  L  A  G  M  I  T  E  S  I
Q  E  L  D  F  J  A  L  L  P  L  V  X  Þ
X  A  H  T  S  S  T  E  I  N  N  X  L  Y
```

JARÐSKJÁLFTI	HRAUN
KALSÍUM	STEINEFNI
ÁLFUNNI	HÁLENDI
ROF	STALACTITE
GOSHVER	STALAGMITES
HELLI	STEINN
KÓRALL	ELDFJALL
KRISTALLAR	SVÆÐI
KVARS	SALT
LAG	SÝRA

23 - Specerijen

N	B	S	F	A	Q	B	F	G	V	Y	Ð	E	P
H	E	R	A	O	B	E	M	M	P	N	R	C	A
V	H	G	A	F	O	L	Ú	K	L	Þ	L	V	P
Í	I	S	U	G	F	Z	S	H	P	I	P	A	R
T	X	A	B	L	Ð	R	K	H	D	O	H	P	I
L	A	L	S	A	L	V	A	N	I	L	L	U	K
A	N	T	A	U	F	C	T	N	V	V	F	R	A
U	Í	G	K	K	T	G	Z	K	Ú	M	E	N	K
K	S	Æ	T	U	R	J	P	L	F	B	N	D	A
U	K	A	R	R	Ý	E	F	G	O	I	N	T	N
R	E	N	G	I	F	E	R	Ð	U	T	E	L	I
K	A	R	D	E	M	O	M	M	U	U	L	I	L
N	H	K	Ó	R	Í	A	N	D	E	R	G	H	E
G	Z	Z	F	B	T	G	O	L	I	W	Y	A	S

ANÍS
BITUR
ENGIFER
KANIL
KARDEMOMMU
KARRÝ
HVÍTLAUKUR
KÚMEN
KÓRÍANDER
NEGULL

MÚSKAT
PAPRIKA
PIPAR
SAFFRAN
BRAGÐ
LAUKUR
VANILLU
FENNEL
SÆTUR
SALT

24 - Groenten

```
G R A S K E R P N C T Ð S S
S S A L A T H B E T Ó G V P
K T S P Í N A T Q A M J E E
A U E N G I F E R R A E P R
L E G I Þ O O Q Æ T T G P G
O H A O N Æ P A Ð I M G I I
T G N G A S O D J H G A R L
T B F L Q G E B A O Ú L S K
L L A U K U R L I K R D V Á
A A Y Q Ó N A G J E K I B L
U V W S L L Ð S Z A U N G D
K T T T X V Í S E L L E R Í
U G U L R Ó T F E W U E H C
R H V Í T L A U K U R H A I
```

ARTIHOKE	GRASKER
EGGALDIN	NÆPA
SPERGILKÁL	RÆÐJA
PEA	SALAT
ENGIFER	SELLERÍ
HVÍTLAUKUR	SKALOTTLAUKUR
GÚRKU	SPÍNAT
ÓLÍF	TÓMAT
SVEPPIR	LAUKUR
STEINSELJA	GULRÓT

25 - Dans

```
S  J  Ó  N  R  Æ  N  H  O  N  Á  Ð  O  Z
U  B  R  H  Æ  V  E  J  Á  L  X  P  E  L
C  F  R  F  F  H  C  L  M  S  V  Þ  Q  X
T  Ó  N  L  I  S  T  L  E  T  K  Q  H  L
I  L  S  X  N  V  I  I  N  A  Ó  Ó  T  S
F  Þ  S  L  G  I  L  S  N  K  R  I  L  Q
É  O  Z  R  V  P  F  T  I  T  E  P  H  I
L  L  Í  K  A  M  I  Q  N  U  Ó  Þ  O  S
A  M  E  N  N  I  N  G  G  R  G  A  M  A
G  R  Þ  G  Ð  K  N  Ð  A  L  R  B  Ð  M
I  Þ  W  T  Z  I  I  L  R  A  A  Þ  I  T
V  S  X  O  H  L  N  N  I  Þ  F  Ð  U  Ö
H  O  P  P  A  L  G  Q  H  V  V  L  U  K
H  E  F  Ð  B  U  N  D  I  N  Q  N  U  R
```

HÁSKÓLI	LIST
SAMTÖK	LÍKAMI
GLAÐUR	TÓNLIST
KÓREÓGRAF	FÉLAGI
MENNINGAR	ÆFING
MENNING	TAKTUR
TILFINNING	HOPPA
SVIPMIKILL	HEFÐBUNDIN
NÁÐ	SJÓNRÆN

26 - Sport

H	A	F	N	A	B	O	L	T	I	Q	Z	H	Ú
S	A	Ð	S	Y	N	D	A	E	E	R	N	O	R
I	O	Þ	P	D	S	K	X	N	I	Ð	L	K	S
G	O	L	F	K	B	Ð	F	N	T	K	K	K	L
U	G	W	B	N	J	Y	M	I	I	F	U	Í	I
R	H	S	B	T	E	H	R	S	Ð	V	R	R	T
V	K	Ö	R	F	U	B	O	L	T	I	S	E	A
E	Í	Þ	R	Ó	T	T	A	H	Ú	S	B	I	W
G	L	F	N	N	A	T	R	D	K	F	Þ	Ð	D
A	E	I	Z	M	W	T	N	Ó	C	G	D	H	F
R	I	I	Ð	V	E	S	A	M	T	Ö	K	J	F
I	W	K	Þ	J	Á	L	F	A	R	I	V	Ó	S
V	Ö	L	L	I	N	N	Ð	R	G	P	E	L	U
A	Y	V	W	M	Ð	L	E	I	K	F	I	M	I

KÖRFUBOLTI
SAMTÖK
REIÐHJÓL
GOLF
ÍÞRÓTTAHÚS
LEIKFIMI
HOKKÍ
HAFNABOLTI
ÚRSLITA

DÓMARI
LEIKUR
VÖLLINN
LIÐ
TENNIS
ÞJÁLFARI
SIGURVEGARI
AÐ SYNDA

27 - Mythologie

```
A  Þ  S  U  Q  B  R  G  H  S  D  P  I  H
C  R  J  T  P  W  K  K  E  K  A  Ó  X  I
Y  L  K  Ó  Y  B  Þ  A  G  Ö  U  D  E  M
S  V  Þ  E  Ð  R  Q  R  Ð  P  Ð  A  X  N
K  Þ  H  S  T  S  K  B  U  U  L  U  Q  A
R  K  V  H  R  Y  A  U  N  N  E  Ð  C  R
Í  F  N  N  L  H  P  G  R  K  G  L  Þ  Í
M  S  K  E  P  N  A  E  A  J  Þ  E  R  K
S  E  K  B  T  Ö  F  R  A  N  D  I  U  I
L  M  E  N  N  I  N  G  D  H  D  K  M  H
I  E  L  D  I  N  G  H  E  T  J  A  U  E
V  Ö  L  U  N  D  A  R  H  Ú  S  A  R  F
B  H  Ö  R  M  U  N  G  Ö  F  U  N  D  N
S  T  R  Í  Ð  S  M  A  Ð  U  R  B  D  D
```

ARKETYPE
ELDING
SKÖPUN
MENNING
ÞRUMUR
VÖLUNDARHÚS
HEGÐUN
HETJA
HIMNARÍKI
ÖFUND

STYRKUR
STRÍÐSMAÐUR
ÞJÓÐSAGA
TÖFRANDI
SKRÍMSLI
ÓDAUÐLEIKA
HÖRMUNG
DAUÐLEG
SKEPNA
HEFND

28 - Vakantie #1

```
S  Y  Þ  F  E  R  Ð  A  M  A  Ð  U  R  F
B  P  O  P  E  S  A  F  N  O  C  I  S  E
Í  R  O  D  J  R  Ð  D  T  A  O  W  I  R
L  H  O  R  F  A  Ð  S  Y  N  D  A  Ð  Ð
L  Þ  I  T  V  W  J  A  M  Y  N  T  I  A
H  P  M  J  T  A  H  T  Á  R  E  Y  S  T
M  Ð  Y  F  I  F  G  T  T  Æ  S  R  L  Ö
P  N  B  K  B  H  Ö  N  R  Þ  T  C  Ö  S
M  S  M  J  M  J  U  R  R  N  V  L  K  K
L  E  Í  Ð  A  N  G  U  R  H  S  H  U  U
F  W  Ð  R  S  T  Ö  Ð  U  V  A  T  N  N
F  Q  I  F  L  U  G  V  É  L  T  Y  U  B
B  J  N  U  M  B  R  E  G  N  H  L  Í  F
D  A  W  Z  B  A  K  P  O  K  I  N  F  A
```

BÍLL	FERÐAÁÆTLUN
SIÐI	BAKPOKI
LEIÐANGUR	FERÐAMAÐUR
MIÐI	SPORVAGN
FERÐATÖSKU	MYNT
STÖÐUVATN	BROTTFÖR
SAFN	FLUGVÉL
SLÖKUN	AÐ SYNDA
REGNHLÍF	

29 - Eten #1

```
D  L  T  J  S  G  K  H  R  B  R  O  G  L
P  Q  B  P  Í  U  A  Y  P  S  Y  K  U  R
E  Q  Q  X  T  L  N  L  M  Y  J  G  H  G
P  C  V  Ð  R  R  I  T  W  N  D  M  G  L
S  Ú  P  A  Ó  Ó  L  B  A  S  I  L  O  A
A  P  V  W  N  T  S  P  K  A  Z  K  B  U
P  E  Í  G  U  L  F  A  D  F  I  I  I  K
R  R  D  N  W  K  R  W  Z  A  X  C  M  U
Í  A  T  J  A  R  Ð  A  R  B  E  R  B  R
K  H  A  E  Þ  T  Ú  N  F  I  S  K  U  R
Ó  Þ  N  K  J  Ö  T  M  J  Ó  L  K  A  A
S  B  F  E  H  V  Í  T  L  A  U  K  U  R
A  M  D  T  T  S  A  L  T  Þ  G  Ð  O  F
C  C  M  D  Z  U  T  K  S  A  L  A  T  S
```

JARÐARBER	SALAT
APRÍKÓSA	SAFA
BASIL	SÚPA
SÍTRÓNU	SPÍNAT
BYGG	SYKUR
KANIL	TÚNFISKUR
HVÍTLAUKUR	LAUKUR
MJÓLK	KJÖT
PERA	GULRÓT
HNETU	SALT

30 - Avontuur

```
L U P S Á Ó V A R T Ó U G C
Í T J I V I N I R Á V N Á Q
K H U G R E K K I S E D F D
U W U L L Þ L C N K N I A B
R V Z I K E A C Á O J R N F
E C E N F I Ð D T R U B G F
N Q T G E E Ö I T A L Ú A V
D E N A G L R O Ú N E N S I
B C Þ R U D Y Ð R I G I T R
V N R R R M G C A R T N A K
I A I F Ð Ó G V N S W G Ð N
L J N Z A Ð I K Ý V T U U I
N P L D O B E L T H G R R R
V J S Ð I H Æ T T U L E G T
```

VIRKNI   ÓVENJULEGT
ÁFANGASTAÐUR   FERÐAST
ELDMÓÐ   FEGURÐ
HÆTTULEGT   ÁSKORANIR
LÍKUR   ÖRYGGI
HUGREKKI   Á ÓVART
VANDI   UNDIRBÚNINGUR
NÁTTÚRAN   GLEÐI
SIGLINGAR   VINIR
NÝTT

31 - Circus

```
G  B  Á  H  O  R  F  A  N  D  I  M  T  A
A  L  Ú  L  J  L  Í  T  D  O  O  I  Ó  C
L  Ö  M  N  J  N  L  J  G  E  S  Ð  N  R
D  Ð  A  A  I  Ó  L  A  D  A  K  I  L  O
U  R  L  M  S  N  N  L  T  E  R  E  I  B
R  U  Ð  M  K  H  G  D  Ö  D  Ú  O  S  A
E  R  Ð  I  E  Þ  F  U  F  W  Ð  Þ  T  T
W  Þ  P  W  M  A  H  H  R  J  G  F  H  F
A  P  I  D  M  T  K  W  A  Ú  A  U  X  I
T  E  C  F  T  R  Q  K  M  G  N  D  Ý  R
L  I  R  M  A  Ú  S  C  A  L  G  V  M  F
Z  B  G  O  X  Ð  I  D  Ð  E  A  D  C  M
V  R  I  E  U  U  K  P  U  R  Q  K  D  O
W  Ð  Q  C  R  R  Z  V  R  B  R  A  G  Ð
```

API	GALDUR
ACROBAT	TÓNLIST
BLÖÐRUR	FÍL
TRÚÐUR	SKRÚÐGANGA
DÝR	NAMMI
TÖFRAMAÐUR	TJALD
JÚGLER	TIGER
MIÐI	ÁHORFANDI
BÚNINGUR	BRAGÐ
LJÓN	SKEMMTA

32 - Restaurant #2

```
D H K S Þ U C J U Q D Ð G Z
R H Y L J Ú F F E N G U R H
Y Ð S Q Ó Þ S E G A D C Æ Á
K S N Ð N Q M S G E Þ C N D
K K S E N J Q Z Ú S U C M E
U E A K R Y D D F P G Í E G
R I L K Q L A X G I A S T I
W Ð T S A L A T Q H S Z I S
K V Ö L D M A T U R C K K V
G A F F A L O B J R G S U E
D Y L W J P L Á V Ö X T U R
Q C V R V I H K A U U Ó E Ð
X W I D Q W Ð X T W S L T U
W K K N M G C R N Ú Ð L U R
```

KAKA
KVÖLDMATUR
DRYKKUR
EGG
ÁVÖXTUR
GRÆNMETI
LJÚFFENGUR
ÍS
SKEIÐ
HÁDEGISVERÐUR

NÚÐLUR
ÞJÓNN
SALAT
SÚPA
KRYDD
STÓL
FISKUR
GAFFAL
VATN
SALT

33 - Bijen

```
O G Y A V X O N Þ B Þ B G Ð
C A U K H O Ð X Ð K L H U Z
Y R B F R J Ó K O R N Ó A D
V Ð Ú L J V B V C J T B M R
I U S M Ó N X I T M Z K R O
S R V A P M P K N H X F Z T
T F Æ T C T S K O R D Ý R T
K P Ð U J K Ó T F L Z H W N
E A I R H L L Y R V Æ N G I
R Á V Ö X T U R Æ A N Z X N
F R E Y K U R G V X M L P G
I B Q V B Ý F L U G N A B Ú
H U N A N G A G N L E G O K
B G D F J Ö L B R E Y T N I
```

FRÆVUN	DROTTNING
BÝFLUGNABÚ	REYKUR
BLÓM	FRJÓKORN
BLÓMSTRA	GARÐUR
FJÖLBREYTNI	VÆNGI
VISTKERFI	MATUR
ÁVÖXTUR	GAGNLEG
BÚSVÆÐI	VAX
HUNANG	SÓL
SKORDÝR	KVIK

34 - School #1

```
S  T  Æ  R  Ð  F  R  Æ  Ð  I  O  M  O  H
P  R  Ó  F  U  X  M  B  V  I  N  I  R  Á
B  L  Ý  A  N  T  U  R  L  K  K  Z  K  D
M  Æ  L  U  I  U  D  C  W  J  U  K  G  E
C  S  K  Ó  L  A  S  T  O  F  A  E  B  G
N  L  R  U  H  C  H  Y  Ö  M  B  N  P  I
S  T  A  F  R  Ó  F  I  Ð  L  P  N  E  S
V  J  G  A  M  A  N  R  I  X  U  A  N  V
Ö  A  Ð  Y  Q  L  M  Ö  P  P  U  R  N  E
R  Ð  T  Ð  G  J  U  O  Þ  S  U  I  A  R
Þ  L  B  Ó  K  A  S  A  F  N  T  Z  O  Ð
Ð  Æ  S  K  R  I  F  B  O  R  Ð  Ó  T  U
O  R  W  C  F  M  E  R  K  J  U  M  L  R
P  A  P  P  Í  R  X  F  K  J  Þ  M  Þ  U
```

STAFRÓFIÐ
SVÖR
BÓKASAFN
BÆKUR
SKRIFBORÐ
TÖLUR
PRÓF
SKÓLASTOFA
KENNARI
AÐ LÆRA

HÁDEGISVERÐUR
MÖPPUR
MERKJUM
PAPPÍR
PENNA
GAMAN
BLÝANTUR
STÓL
VINIR
STÆRÐFRÆÐI

35 - Wandelen

```
Þ  S  T  E  I  N  A  R  V  B  D  Þ  A  M
R  T  V  E  Ð  U  R  F  A  R  Ý  U  Q  O
E  E  B  Z  Ð  H  L  P  I  E  R  N  Þ  S
Y  F  J  A  L  L  E  A  U  Ð  E  G  I  K
T  N  A  G  K  V  U  D  Q  O  B  T  O  Í
T  U  R  Q  G  K  H  E  B  Q  V  I  S  T
U  M  G  L  H  Q  N  U  V  V  E  G  T  Ó
R  Ö  T  C  M  X  P  Á  A  A  Ð  A  Í  F
K  R  W  D  V  I  L  L  T  L  U  R  G  L
X  K  O  R  T  G  P  F  N  T  R  Ð  V  U
F  U  N  D  I  N  U  M  V  H  Ú  U  É  G
E  N  H  K  S  Ó  L  T  S  S  Z  R  L  U
Y  U  Z  Z  D  Ð  R  Ú  T  J  Æ  Ð  A  R
U  N  D  I  R  B  Ú  N  I  N  G  U  R  N
```

FJALL	STEFNUMÖRKUN
DÝR	GARÐUR
KORT	STEINAR
ÚTJÆÐA	FUNDINUM
BJARG	UNDIRBÚNINGUR
VEÐURFAR	VATN
STÍGVÉL	VEÐUR
ÞREYTTUR	VILLT
MOSKÍTÓFLUGUR	SÓL
NÁTTÚRAN	ÞUNGT

36 - Ecologie

```
E  P  T  E  W  I  Q  R  Ð  J  K  N  S  C
N  G  P  T  L  I  I  Þ  A  K  Z  Á  A  F
R  N  Á  T  T  Ú  R  U  L  E  G  T  M  T
V  E  Ð  U  R  F  A  R  Þ  P  P  T  F  E
D  Þ  F  Y  Z  J  P  R  J  L  V  Ú  É  G
T  Ý  D  W  N  Ö  F  K  Ó  Ö  S  R  L  U
L  D  R  S  X  L  Q  A  Ð  N  B  A  Ö  N
I  L  R  A  L  L  P  R  L  T  N  N  G  D
F  Ð  V  F  L  O  R  A  E  U  N  H  Ð  S
U  T  A  E  P  Í  U  S  G  R  Ó  Ð  U  R
N  Y  Ð  S  W  M  F  Ð  T  M  A  R  S  H
B  Ú  S  V  Æ  Ð  I  S  J  Á  V  A  R  I
P  W  S  J  Á  L  F  B  Æ  R  V  Q  T  B
F  J  Ö  L  B  R  E  Y  T  N  I  I  T  K
```

FJÖLL	VEÐURFAR
FJÖLBREYTNI	SJÁVAR
ÞURRKAR	MARSH
SJÁLFBÆR	NÁTTÚRAN
DÝRALÍF	NÁTTÚRULEGT
FLORA	LIFUN
SAMFÉLÖG	PLÖNTUR
ALÞJÓÐLEGT	TEGUND
BÚSVÆÐI	GRÓÐUR

37 - Installaties

```
K G B A M B U S S K Ó G U R
A A U F W E M B Á M E Y V O
K R S R Z I E J B Q J K W D
T Ð H Ó N Þ L A U F L O R A
U U Þ T E K H H R R T F T Q
S R B Ð Ð S Y X Ð N T P B K
T N A B X Q E L U P D Y U I
M F U L F T N G R Ó Ð U R T
S X N Ó G L Q N R N P Þ G R
L M S M S B L E O J V Q O É
V U O Þ W U V N L U Y Ð D M
G R A S A F R Æ Ð I B E R E
G R A S S N J T I V I F T Y
Z T Z R C L V X D Y T J F O
```

BAMBUS	GRAS
BER	IVY
LAUF	JURT
BLÓM	ÁBURÐUR
TRÉ	MOSS
BAUN	GRASAFRÆÐI
SKÓGUR	BUSH
KAKTUS	GARÐUR
FLORA	GRÓÐUR
SM	RÓT

38 - School #2

```
B D B I M I V Y Y S A T F V
M A Ó G M Q D K J K E B E Í
Á G K E N N A R I Ó F Z J S
L A A P E N N A M R F S Y I
F T S A O H E L G A R Z G N
R A A P E K M E N N T U N D
Æ L F P H M I H C L V O F I
Ð A N Í B Ó K M E N N T I R
I O O R Ð A B Ó K C P Ö V Ú
L S T Æ R Ð F R Æ Ð I L P T
H E I M A V I N N A S V E U
D S K Æ R I Ð A I U H U L M
C B L Ý A N T U R M P P G D
A K A D E M Í S K T U V W B
```

AKADEMÍSKT	PAPPÍR
BÓKASAFN	PENNA
RÚTU	BLÝANTUR
TÖLVU	BAKPOKI
MÁLFRÆÐI	SKÆRI
HEIMAVINNA	SKÓR
DAGATAL	HELGAR
KENNARI	VÍSINDI
BÓKMENNTIR	STÆRÐFRÆÐI
MENNTUN	ORÐABÓK

39 - Oceaan

```
H  Ö  F  R  U  N  G  U  R  T  B  T  W  K
Þ  S  R  Æ  I  P  D  I  Þ  Y  Á  L  L  O
Ö  F  H  K  O  F  H  M  T  P  T  M  K  L
R  H  S  J  J  S  I  R  Ú  E  U  A  D  K
U  M  K  A  F  J  H  A  N  S  R  R  M  R
N  P  J  O  H  Á  Á  J  F  V  T  G  Y  A
G  S  A  Y  F  V  K  X  I  A  G  L  C  B
A  T  L  Y  I  A  A  C  S  M  S  Y  J  B
K  O  D  J  S  R  R  L  K  P  A  T  O  I
J  R  B  K  K  F  L  J  U  U  L  T  S  J
D  M  A  Y  U  Ö  D  Ð  R  R  T  A  T  D
W  U  K  B  R  L  K  Ó  R  A  L  L  R  Z
W  R  A  E  B  L  D  X  X  Þ  G  O  A  O
E  Þ  J  L  M  I  I  O  W  C  S  R  Ð  N
```

ÁLL	KOLKRABBI
ÞÖRUNGA	OSTRA
BÁTUR	RIF
HÖFRUNGUR	SKJALDBAKA
RÆKJA	SVAMPUR
SJÁVARFÖLL	STORMUR
HÁKARL	TÚNFISKUR
KÓRALL	FISKUR
KRABBI	HVALUR
MARGLYTTA	SALT

40 - Landen #2

```
N  L  H  M  E  X  Í  K  Ó  T  G  T  K  Ú
F  R  A  K  K  L  A  N  D  L  S  C  D  G
Í  K  Ð  B  R  L  O  E  Þ  Í  Ó  P  Í  A
R  Y  E  Ð  Ð  A  G  N  M  B  M  A  I  N
L  X  V  N  J  O  V  Í  F  E  A  L  I  D
A  E  G  R  Í  S  Z  G  M  R  L  S  N  A
N  Y  R  Ú  K  A  M  E  J  Í  Í  Ý  D  R
D  E  I  S  K  W  L  R  G  A  A  R  Ó  T
A  P  K  S  S  R  N  Í  Ð  Y  Q  L  N  S
N  E  K  L  B  O  A  A  B  J  Q  A  E  E
M  A  L  A  S  Í  A  Í  L  A  G  N  S  A
Ö  E  A  N  E  P  A  L  N  P  N  D  Í  T
R  N  N  Ð  H  G  I  C  A  N  O  A  S
K  C  D  K  H  X  Þ  J  A  N  Þ  M  N  F
```

DANMÖRK	LÍBERÍA
EÞÍÓPÍA	MALASÍA
FRAKKLAND	MEXÍKÓ
GRIKKLAND	NEPAL
ÍRLAND	NÍGERÍA
INDÓNESÍA	ÚGANDA
JAPAN	ÚKRAÍNA
KENÍA	RÚSSLAND
LAOS	SÓMALÍA
LÍBANON	SÝRLAND

41 - Bloemen

```
S  B  C  A  U  V  T  Þ  T  B  I  J  T  V
Z  M  A  M  F  O  Ú  Þ  O  D  X  O  Ð  D
S  K  Á  D  Í  Þ  L  Z  G  S  L  I  L  Y
D  R  P  R  F  Q  I  Y  A  G  E  Í  F  Q
A  Ó  P  Ó  I  J  P  O  P  P  Y  D  L  H
I  N  E  S  L  M  A  G  N  O  L  I  A  A
S  U  O  H  L  O  N  S  G  Z  V  A  D  P
Y  B  N  C  B  R  M  F  M  J  V  D  T  L
Þ  L  Y  N  Ð  E  G  A  H  I  Ö  Y  F  U
G  A  S  Ó  L  B  L  Ó  M  V  N  C  D  M
P  Ð  X  E  R  X  Z  M  W  Q  D  E  X  E
O  Z  V  Y  P  F  Y  O  R  C  H  I  D  R
H  I  B  I  S  C  U  S  X  S  D  H  X  I
T  Á  S  T  R  Í  Ð  U  B  L  Ó  M  M  A
```

KRÓNUBLAÐ
VÖND
TOGA
HIBISCUS
JASMINE
SMÁRI
LILY
LÍLA
DAISY
MAGNOLIA

ORCHID
FÍFILL
POPPY
ÁSTRÍÐUBLÓM
PEONY
PLUMERIA
RÓS
TÚLIPAN
SÓLBLÓM

42 - Huisdieren

```
C  L  M  P  A  H  B  G  J  T  K  P  K  Z
S  T  G  S  S  P  V  M  E  S  Ý  H  E  H
Z  K  L  Æ  R  Y  A  O  Ð  I  R  Þ  T  G
P  S  J  N  S  Ð  T  Ð  L  Q  T  Y  T  Z
D  Z  Ð  A  J  N  N  T  A  P  H  D  L  K
Ý  Þ  N  B  L  M  A  T  U  R  U  C  I  N
R  R  I  R  R  D  N  T  H  U  N  R  N  L
A  Ð  O  K  Z  P  B  J  N  A  D  W  G  W
L  O  H  T  P  Á  F  A  G  A  U  K  U  R
Æ  G  J  J  G  F  I  S  K  U  R  H  R  N
K  R  A  G  A  V  Ð  F  X  A  O  A  C  M
N  H  A  M  S  T  U  R  U  H  I  L  M  R
I  I  L  Ú  K  Ö  T  T  U  R  W  I  S  Þ
R  D  R  S  K  A  N  Í  N  A  T  L  T  Z
```

DÝRALÆKNIR	KRAGA
GEIT	MÚS
EÐLA	PÁFAGAUKUR
HAMSTUR	HVOLPUR
HUNDUR	SKJALDBAKA
KÖTTUR	HALI
KETTLINGUR	FISKUR
KLÆR	MATUR
KÝR	VATN
KANÍNA	

43 - Landschappen

```
B  V  W  P  F  V  N  A  M  Q  G  H  I  K
Þ  Y  P  Z  W  I  F  J  A  R  A  J  Æ  X
F  T  X  T  U  N  D  R  A  R  Þ  Ö  E  Đ
O  J  L  O  N  L  A  O  H  R  Q  K  N  Í
S  K  A  G  I  D  L  P  O  D  Y  U  P  S
S  S  S  L  O  O  U  Đ  Q  L  M  L  T  B
Q  Đ  A  L  L  Z  R  D  C  E  V  L  F  E
S  T  Ö  Đ  U  V  A  T  N  H  Q  S  F  R
R  I  V  E  R  E  L  D  F  J  A  L  L  G
S  W  E  Y  Đ  I  M  Ö  R  K  X  U  C  P
S  J  Ó  J  I  O  J  G  O  S  H  V  E  R
H  J  E  A  P  I  H  H  E  L  L  I  Đ  D
D  V  D  Z  Y  G  R  A  M  Ý  R  I  Y  Q
Þ  G  E  B  O  T  O  Z  F  X  A  X  D  Đ
```

FJALL
EYJA
GOSHVER
JÖKULL
HELLI
HÆÐ
ÍSBERG
STÖÐUVATN
MÝRI
VIN

HAF
RIVER
SKAGI
FJARA
TUNDRA
DALUR
ELDFJALL
FOSS
EYÐIMÖRK
SJÓ

44 - Tuin

```
P  J  G  M  T  R  É  I  J  I  S  H  A  V
G  S  L  Ö  N  G  U  N  A  Y  K  F  N  W
I  H  F  M  G  G  R  A  S  F  L  Ö  T  A
R  T  P  R  H  R  Í  F  A  Ð  B  D  X  L
Ð  Ð  O  Z  E  Ð  A  V  E  R  Ö  N  D  D
I  Ð  S  Q  N  A  K  S  G  J  Q  A  K  I
N  L  Y  W  G  K  M  K  A  T  J  Ö  R  N
G  S  T  E  I  N  A  R  R  U  J  B  Ð  G
P  Z  G  Þ  R  M  Ð  A  Ð  L  U  L  W  A
O  Q  T  W  Ú  J  O  B  U  S  H  Ó  L  R
N  I  G  P  M  X  L  K  R  Q  V  M  R  Ð
I  L  L  G  R  E  S  I  A  L  C  U  Þ  U
B  Í  L  S  K  Ú  R  Z  B  E  K  K  U  R
T  R  A  M  P  Ó  L  Í  N  Q  U  X  Y  Z
```

BEKKUR	ILLGRESI
BLÓM	STEINAR
TRÉ	MOKA
ALDINGARÐUR	SLÖNGUNA
BÍLSKÚR	BUSH
GRASFLÖT	VERÖND
GRAS	TRAMPÓLÍN
HENGIRÚM	GARÐUR
HRÍFA	TJÖRN
GIRÐING	

45 - Katten

```
F O R V I T I N N K V K A G
V F A B R J Á L A Ð U R B Q
E Z I T Y E F H N J O P G
I P E R S Ó N U L E I K I S
Ð V I N B E L Ó U R I E B T
I I Q C H D Ð H R A T T S T
M L U R C B T Á B H C O F P
A L B H H G G Ð I N B K L Ó
Ð T E F J Ö R U G U R M F S
U O F E L D U R K A X Ú Y O
R W Þ I H D H H B V R S N F
K L Ó M P A Q Þ U R S N D A
Y Ð W I Z Q L U X H E G I E
O E E N E A S I N H L J Ð Q
```

FELDUR	PERSÓNULEIKI
GARN	KLÓM
BRJÁLAÐUR	SOFA
FYNDIÐ	HRATT
VEIÐIMAÐUR	FJÖRUGUR
KLÓ	HALI
MÚS	FEIMIN
FORVITINN	VILLT
ÓHÁÐUR	

46 - Beroepen #2

```
S  R  A  N  N  S  Ó  K  N  I  R  P  L  N
V  K  K  E  N  N  A  R  I  H  W  R  J  L
E  T  U  M  F  L  X  Y  M  E  R  Ó  Ó  Í
R  E  M  R  D  T  W  R  G  I  X  F  S  F
K  I  Á  H  Ð  B  Þ  Y  K  M  G  E  M  F
F  K  L  F  Ú  L  L  Y  T  S  E  S  Y  R
R  N  A  L  T  A  Æ  F  A  P  I  S  N  Æ
Æ  A  R  U  G  Ð  K  K  N  E  M  O  D  Ð
Ð  R  I  G  E  A  N  W  N  K  F  R  A  I
I  I  Y  M  F  M  I  K  L  I  A  B  R  N
N  L  C  A  A  A  O  Y  Æ  N  R  Ó  I  G
G  A  F  Ð  N  Ð  X  V  K  G  I  N  V  U
U  P  Y  U  D  U  A  K  N  U  I  D  J  R
R  X  T  R  I  R  B  R  I  R  H  I  P  L
```

LÆKNI	BLAÐAMAÐUR
GEIMFARI	KENNARI
LÍFFRÆÐINGUR	RANNSÓKNIR
BÓNDI	FLUGMAÐUR
SKURÐLÆKNIR	PRÓFESSOR
HEIMSPEKINGUR	MÁLARI
LJÓSMYNDARI	TANNLÆKNI
TEIKNARI	ÚTGEFANDI
VERKFRÆÐINGUR	

47 - Komedie

```
L F H D E J P B H Z Z B S S
E Y S Ú K G N R M C J I V J
I N T P M W V A J Á O A I Ó
K D V R U O W N O H J V P N
H I K Þ Ú N R D A O D J M V
Ú Ð G Y W Ð I A Q R P L I A
S N J A L L A R U F T E K R
L E I K K O N A Z E E I I P
S K O P S T Æ L I N G K L Þ
G A M A N R Q Þ T D U A L Ð
H L Á T U R T I U N R U Y
L Ó F A K L A P P R D I B D
N Z F E U S G Z F Ð Ð F A Q
V G H W L H Z A K Q Y X P Y
```

LEIKARI
LEIKKONA
LÓFAKLAPP
TRÚÐA
SVIPMIKILL
HLÁTUR
TEGUND
BRANDARA
FYNDIÐ

HÚMOR
SPUNI
SKOPSTÆLING
GAMAN
ÁHORFENDUR
SNJALL
SJÓNVARP
LEIKHÚS

48 - Dagen en Maanden

```
U  Þ  A  M  Z  Z  Þ  R  U  Á  L  N  F  M
X  S  X  I  N  M  R  O  B  G  A  Ó  Ö  I
K  E  F  N  J  V  I  K  A  Ú  U  V  S  Ð
G  P  G  O  I  J  Ð  T  J  S  G  E  T  V
Þ  T  Y  D  U  S  J  Ó  M  T  A  M  U  I
V  E  H  Ð  A  R  U  B  Á  Ð  R  B  D  K
C  M  R  C  Þ  G  D  E  N  F  D  E  A  U
F  B  J  A  N  Ú  A  R  U  K  A  R  G  D
N  E  J  Ú  L  Í  G  T  D  Q  G  Q  U  A
J  R  B  A  E  S  U  J  A  E  U  R  R  G
M  M  A  R  S  Þ  R  Ú  G  L  R  F  M  U
V  D  K  Y  Ú  M  Á  N  U  Ð  U  R  S  R
R  F  M  E  Á  A  Y  Í  R  Y  D  G  W  C
S  F  Ð  Q  S  R  R  K  M  F  C  O  W  Q
```

ÁGÚST	MÁNUDAGUR
ÞRIÐJUDAGUR	MARS
FEBRÚAR	NÓVEMBER
ÁR	OKTÓBER
JANÚAR	SEPTEMBER
JÚLÍ	FÖSTUDAGUR
JÚNÍ	VIKA
DAGATAL	MIÐVIKUDAGUR
MÁNUÐUR	LAUGARDAGUR

49 - Beeldende Kunsten

```
H  K  X  Q  A  P  Ð  Q  S  V  K  M  T  K
J  M  X  Z  W  C  W  Ð  J  A  Q  H  Q  V
Y  S  T  K  S  L  P  E  Ó  X  K  Ö  W  I
V  C  S  A  M  S  E  T  N  I  N  G  U  K
G  I  H  W  W  X  N  I  A  Ð  W  G  X  M
L  A  K  K  R  D  N  Q  R  F  K  M  D  Y
Æ  K  E  R  A  M  I  K  H  J  H  Y  B  N
S  P  K  K  Í  C  P  S  O  X  M  N  L  D
L  K  X  U  F  T  O  O  R  K  Á  D  Ý  M
A  K  W  K  S  N  O  H  N  O  L  Q  A  K
F  W  K  T  D  Z  Q  M  I  L  V  Þ  N  C
R  U  V  O  N  P  O  R  T  R  E  T  T  T
G  L  I  S  T  A  M  A  Ð  U  R  Y  U  X
A  R  K  I  T  E  K  T  Ú  R  K  K  R  J
```

ARKITEKTÚR
LISTAMAÐUR
HÖGGMYND
GLÆSLA
KVIKMYND
KOL
KERAMIK
LEIR
KRÍT

PENNI
SJÓNARHORNI
PORTRET
BLÝANTUR
SAMSETNINGU
MÁLVERK
LAKK
VAX

50 - Menselijk Lichaam

```
M  K  V  L  E  M  A  G  I  Ö  X  L  T  A
L  J  V  L  V  U  E  X  J  K  K  D  Y  X
H  Á  L  S  I  N  E  F  B  L  Ó  Ð  Q  E
E  L  H  Ú  Ð  N  V  Þ  Þ  Ð  L  Y  T  S
I  K  J  N  L  U  E  U  V  K  F  W  H  K
L  A  A  H  É  R  Y  F  Ó  T  U  R  Ö  H
I  U  R  Ö  Ö  S  R  V  Y  U  U  Q  K  Þ
D  M  T  N  J  F  A  W  T  J  Y  N  U  H
G  Þ  A  D  B  I  U  O  L  N  B  O  G  A
Ö  K  K  L  A  N  M  Ð  A  O  R  P  Þ  A
E  G  Z  M  A  G  P  Y  N  V  V  Z  M  I
A  P  R  Z  A  U  C  Ð  F  Z  J  Q  J  D
M  C  G  X  U  R  G  O  Ð  Ð  R  Q  E  K
F  U  B  T  T  Y  I  L  D  R  A  A  L  T
```

FÓTUR	HÖKU
BLÓÐ	HNÉ
OLNBOGA	MAGI
ÖKKLA	MUNNUR
HÖND	HÁLS
HJARTA	NEF
HEILI	EYRA
HÖFUÐ	ÖXL
HÚÐ	TUNGA
KJÁLKA	FINGUR

51 - Familie

```
B  Þ  E  F  Y  S  Y  X  H  E  S  Ð  N  P
O  A  J  R  T  Z  K  B  Ö  R  N  A  F  I
X  F  R  Æ  N  K  A  U  M  Q  A  X  J  L
H  I  E  N  B  F  N  U  D  Q  N  C  B  M
H  O  M  D  A  A  M  M  A  Þ  Þ  W  O  R
M  Ó  Ð  I  R  B  B  R  Ó  Ð  I  R  L  T
F  D  F  Þ  N  B  A  R  N  Æ  S  K  A  T
O  Ó  S  Y  S  T  I  R  M  T  S  T  K  V
R  T  N  D  E  I  G  I  N  K  O  N  A  Í
F  T  S  E  Z  N  F  A  Ð  I  R  N  O  B
A  I  R  E  I  G  I  N  M  A  Ð  U  R  U
Ð  R  F  A  F  A  Þ  O  F  E  H  Y  Þ  R
I  V  J  F  T  R  M  I  N  Z  J  M  Y  A
R  A  W  K  J  B  V  D  A  I  H  F  Y  R
```

BRÓÐIR
DÓTTIR
AMMA
BARNÆSKA
BARN
BÖRN
BARNABARN
EIGINMAÐUR
MÓÐIR

FRÆNDI
AFI
FRÆNKA
TVÍBURAR
FAÐIR
INGAR
FORFAÐIR
EIGINKONA
SYSTIR

52 - Gebouwen

```
K V I K M Y N D A H Ú S R Þ
A S V S L H B H Á S K Ó L I
S U Ö E E L Æ Í S A F N R X
T O L N I Ö R O L Í J F D T
A Ð L D K Ð U B U S B G C J
L P I I H U D S Þ B K Ú I A
I K N R Ú X Q E J D C Ú Ð L
Þ L N Á S U U R Ð S X J R D
Z E M Ð M A T V Ö R U B Ú Ð
G F W R R X U A S L C J J S
B A W O K Z R T S K L U O L
D N S I Þ M N O J H Ó T E L
N Z T U I U Ð R Z Q Y L M C
J T Y P B F W Y Q S F O I W
```

SENDIRÁÐ
ÍBÚÐ
KVIKMYNDAHÚS
BÆR
KLEFA
BÍLSKÚR
HÓTEL
KASTALI
SAFN

OBSERVATORY
SKÓLI
HLÖÐU
VÖLLINN
MATVÖRUBÚÐ
TJALD
LEIKHÚS
TURN
HÁSKÓLI

53 - Kunst

E	I	N	F	A	L	T	G	H	C	E	Ð	H	S
S	J	Ó	N	R	Æ	N	A	Ö	O	E	T	E	Ú
O	R	I	G	I	N	L	E	G	T	F	F	I	R
S	E	G	Ð	L	J	Ó	Ð	G	L	N	M	Ð	R
S	P	F	I	W	P	Ð	Þ	M	Ý	I	Á	A	E
H	A	A	Q	T	F	N	G	Y	S	T	L	R	A
R	U	M	Y	N	D	L	L	N	A	Á	V	L	L
S	Q	J	S	K	Q	J	Ó	D	N	K	E	E	I
J	K	E	V	E	Q	T	J	K	O	N	R	G	S
F	R	A	W	R	T	K	N	Ð	I	G	K	U	M
F	T	O	P	A	Ð	N	I	Z	E	Ð	J	R	I
K	B	A	C	M	S	Ð	I	X	E	I	Q	W	L
D	A	I	V	I	L	V	W	N	Þ	T	Z	R	Z
A	G	Z	E	K	R	Z	X	Ð	G	O	Z	T	J

HÖGGMYND
FLÓKIÐ
EINFALT
HEIÐARLEGUR
MYND
SKAP
KERAMIK
EFNI
ORIGINLEGT

LJÓÐ
LÝSA
SAMSETNING
MÁLVERK
SÚRREALISMI
TÁKN
SEGÐ
SJÓNRÆN

54 - Beroepen #1

```
L  Ö  G  M  A  Ð  U  R  Í  D  L  B  G  S
O  B  P  W  K  Þ  S  X  Þ  A  Æ  A  Þ  K
R  A  Í  J  L  L  Á  Þ  R  N  K  K  J  A
I  N  A  Æ  X  L  W  Ó  S  N  A  Á  R
T  K  N  V  Ð  K  F  F  T  A  I  R  L  T
S  A  Ó  É  S  X  R  E  T  R  R  I  F  G
T  S  L  L  K  P  Æ  E  A  I  Z  E  A  R
J  T  E  V  E  I  Ð  I  M  A  Ð  U  R  I
Ó  J  I  I  R  T  I  W  A  M  J  Z  I  P
R  Ó  K  R  I  S  N  W  Ð  U  O  Y  O  I
I  R  A  K  Ð  Q  G  Q  U  Y  R  M  J  R
E  I  R  I  O  I  U  A  R  V  G  E  D  V
L  G  I  Ð  D  Ý  R  A  L  Æ  K  N  I  R
S  E  N  D  I  H  E  R  R  A  O  V  H  P
```

LÖGMAÐUR	RITSTJÓRI
SENDIHERRA	VEIÐIMAÐUR
ÍÞRÓTTAMAÐUR	SKARTGRIPIR
BAKARI	KLÆÐSKERI
BANKASTJÓRI	VÉLVIRKI
DANSARI	PÍANÓLEIKARI
DÝRALÆKNIR	SÁLFRÆÐINGUR
LÆKNIR	ÞJÁLFARI

55 - Kastelen

```
S  R  I  D  D  A  R  I  F  E  U  G  K  S
C  X  M  W  R  B  Z  H  O  E  T  C  O  T
Y  A  G  V  E  G  G  Ö  Y  R  U  G  C  M
I  F  T  S  K  J  Ö  L  D  U  R  D  F  O
S  L  T  A  I  V  X  L  I  C  N  O  A  K
E  A  I  I  P  R  I  N  S  E  S  S  A  L
K  K  F  O  R  U  D  Ý  F  L  I  S  S  U
B  Ó  U  U  I  X  L  R  O  L  U  H  Ð  N
W  R  D  Y  N  A  S  T  Y  D  F  E  S  I
I  Ó  Y  K  S  G  Ö  F  U  G  T  I  V  C
K  N  A  N  W  Q  A  V  A  N  Q  M  E  O
W  A  W  W  J  H  E  S  T  U  R  S  R  R
R  Í  K  I  R  A  F  C  Ð  S  G  V  Ð  N
Z  C  R  Þ  H  X  G  V  W  Q  W  E  R  M
```

DREKI
DYNASTY
GÖFUGT
UNICORN
FEUDAL
BRYNJA
CATAPULT
DÝFLISSU
RÍKI
KÓRÓNA

VEGG
HESTUR
HÖLL
PRINS
PRINSESSA
RIDDARI
HEIMSVE
SKJÖLDUR
TURN
SVERÐ

56 - Insecten

```
R C V G N K T Q K D A V K J
K C M Ö L A T E U Z B L I V
K C J I S K N T B Í B W A B
P S I L I K T A A J B V Z P
F L U G A A B U J F A F N C
M Q G O Z L F I Ð R I L D I
A L I C C A F W K H W Ó L C
U I T J G K I X D D M M K A
R R E O Y K B S T Ð Z A N D
T V R D D I Ð L I X M N O A
S A M G R A S K Ú L A T R B
G E I T U N G U R F U I M N
X K T H O R N E T I C S U M
G S E P L Ö N T U L Ú S R Q
```

MANTIS
BÍ
PLÖNTULÚS
CICADA
HORNET
KAKKALAKKI
BJALLA
LIRVA
MAUR

MÖL
FLUGA
GRASKÚLA
TERMITE
FIÐRILDI
FLÓ
GEITUNGUR
ORMUR

57 - Antarctica

```
O  C  L  U  W  Þ  U  M  H  V  E  R  F  I
J  B  U  L  T  Ð  B  G  R  Í  W  Þ  S  Z
Ö  Q  X  O  R  O  C  K  Y  S  E  F  T  A
K  I  K  E  X  S  K  A  G  I  V  B  E  S
L  E  I  Ð  A  N  G  U  R  N  E  F  I  K
A  I  E  Y  J  A  R  Z  R  D  R  Á  N  Ý
R  H  I  T  A  S  T  I  G  L  N  L  E  V
L  A  N  D  S  L  A  G  U  E  D  F  F  A
D  U  T  W  Ð  Þ  F  I  Z  G  U  U  N  T
I  W  J  R  V  F  L  Ó  I  T  N  N  I  N
L  A  N  D  A  F  R  Æ  Ð  I  V  N  O  Þ
R  A  N  N  S  Ó  K  N  I  R  R  I  H  L
H  P  K  M  Ö  R  G  Æ  S  I  R  G  S  L
U  C  Í  S  T  E  G  U  N  D  Z  W  D  T
```

FLÓI	RANNSÓKNIR
VERNDUN	MÖRGÆSIR
ÁLFUNNI	ROCKY
EYJAR	SKAGI
LEIÐANGUR	TEGUND
LANDAFRÆÐI	HITASTIG
JÖKLAR	LANDSLAG
ÍS	VATN
STEINEFNI	VÍSINDLEGT
UMHVERFI	SKÝ

58 - Ballet

```
Æ  T  Ó  N  S  K  Á  L  D  S  J  T  T  N
B  F  Æ  T  S  Z  D  S  K  T  H  A  I  Á
A  Ð  I  K  T  E  A  T  Ó  Í  L  K  G  H
L  W  L  N  N  N  N  Y  R  L  J  T  N  O
L  Z  I  J  G  I  S  R  E  Á  Ó  U  A  R
E  N  S  V  X  K  A  K  Ó  T  M  R  R  F
R  B  T  Ö  H  Þ  R  L  G  B  S  A  L  E
Í  D  R  Ð  Æ  F  A  E  R  R  V  D  E  N
N  A  Æ  V  F  Z  R  I  A  A  E  U  G  D
A  T  N  A  N  P  R  K  F  G  I  S  T  U
T  Ó  N  L  I  S  T  I  M  Ð  T  O  H  R
L  Ó  F  A  K  L  A  P  P  I  M  E  V  C
S  V  I  P  M  I  K  I  L  L  F  P  X  Z
U  J  W  B  D  B  K  Y  A  G  G  V  Ð  D
```

LÓFAKLAPP

LISTRÆNN

BALLERÍNA

KÓREÓGRAF

TÓNSKÁLD

DANSARAR

SVIPMIKILL

LÁTBRAGÐ

STYRKLEIKI

TÓNLIST

HLJÓMSVEIT

ÁHORFENDUR

ÆFING

TAKTUR

TIGNARLEGT

SÓLÓ

VÖÐVA

STÍL

TÆKNI

HÆFNI

59 - Vissen

```
A  G  I  V  Q  Ý  K  J  U  R  V  T  K  O
Þ  P  R  Í  B  U  B  Q  L  D  T  V  J  I
L  P  Y  R  Q  Þ  Á  E  L  Y  Y  F  Á  S
H  Y  C  Á  R  S  T  Í  Ð  K  N  Z  L  D
T  Á  L  K  N  B  U  K  B  U  G  O  K  M
F  L  Z  T  V  E  R  B  R  E  G  H  A  F
Þ  O  L  I  N  M  Æ  Ð  I  Ó  I  G  W  J
U  Z  R  I  V  E  R  I  Þ  Ð  K  T  A  A
T  B  E  L  D  A  M  O  Þ  Þ  H  U  A  R
S  T  Ö  Ð  U  V  A  T  N  Y  H  Y  R  A
K  Ð  Ð  S  Q  L  Þ  G  V  N  D  D  J  N
K  A  R  F  A  I  I  W  L  G  A  T  X  F
B  Ú  N  A  Ð  U  R  I  L  D  V  A  T  N
M  X  U  Q  M  Y  U  V  N  H  O  L  Ð  P
```

BEITA
BÚNAÐUR
BÁTUR
VÍR
ÞOLINMÆÐI
ÞYNGD
KRÓKUR
KJÁLKA
TÁLKN
ELDA

KARFA
STÖÐUVATN
HAF
ÝKJUR
RIVER
ÁRSTÍÐ
FJARA
UGGAR
VATN

60 - Fruit

```
B A N A N I Ð D N M P H I S
K N P A N A N A S P A I W Í
I E K P Þ V Í N B E R N U T
R C Y G E P W C E P C D G R
S T P U Þ L A N R L R B Q Ó
U A J A R Ó S D P I T E Z N
B R B R P M K Í V Í V R G U
E I K B C A Þ T N Z J J C Z
R N J Q Þ M Y K P A C U F Z
K E O P E R A A K R Þ M J V
F E R S K J A P R Í K Ó S A
K Ó K O S H N E T A M P Z C
P T V P I D O M E L Ó N A I
N F U L H N A V Ó K A D Ó X
```

APRÍKÓSA	KÍVÍ
ANANAS	KÓKOSHNETA
EPLI	MANGÓ
AVÓKADÓ	MELÓNA
BANANI	NECTARINE
BER	APPELSÍNA
SÍTRÓNU	PAPAYA
VÍNBER	PERA
HINDBERJUM	FERSKJA
KIRSUBER	PLÓMA

61 - Literatuur

```
I  U  I  G  F  Ð  F  H  E  Æ  F  S  M  A
S  I  S  U  A  S  D  Ö  M  V  T  A  Y  F
T  S  H  O  I  O  Á  F  L  I  A  M  N  U
Í  Ö  A  Þ  V  S  L  U  O  S  K  A  D  S
L  G  R  E  I  N  I  N  G  A  T  N  L  K
L  U  M  L  Þ  S  T  D  U  G  U  B  Í  Á
Í  M  L  J  E  Y  U  B  A  R  U  K  L
K  A  E  T  U  Ó  M  R  Í  M  E  R  I  D
I  Ð  I  Y  F  O  Ð  A  M  C  U  Ð  N  S
N  U  K  H  U  F  L  R  J  U  M  U  G  K
G  R  U  E  U  N  J  Z  Æ  Þ  R  R  G  A
A  H  R  J  J  A  Ó  B  G  N  Æ  Z  A  P
R  G  N  S  T  P  Ð  I  P  A  Ð  Ð  V  U
N  I  Ð  U  R  S  T  A  Ð  A  U  Þ  X  R
```

LÍKINGAR	MYNDLÍKING
GREINING	LJÓÐRÆN
E.	RÍM
HÖFUNDUR	TAKTUR
ÆVISAGA	STÍL
NIÐURSTAÐA	ÞEMA
UMRÆÐU	HARMLEIKUR
SKÁLDSKAPUR	SAMANBURÐUR
LJÓÐ	SÖGUMAÐUR
ÁLIT	

62 - Technologie

```
S  N  J  R  A  N  C  L  V  Þ  L  V  R  M
T  Ö  L  V  U  E  I  X  A  D  L  A  A  Y
A  T  X  U  J  T  V  P  S  N  F  F  U  N
F  Ö  R  B  L  I  Þ  S  K  K  T  R  N  D
R  L  A  B  L  Ð  U  K  I  G  J  A  V  A
Æ  F  N  E  E  O  E  R  L  F  Z  Á  E  V
N  R  N  N  T  Þ  G  Á  A  R  B  K  R  É
Ð  Æ  S  D  U  J  H  G  B  Y  Æ  H  U  L
B  Ð  Ó  I  R  A  S  V  O  Ð  T  P  L  J
A  I  K  L  G  F  Q  U  Ð  Þ  I  Q  E  Ð
Q  Z  N  L  E  Ö  E  G  F  S  C  P  G  E
T  E  I  Ö  R  Y  G  G  I  B  B  W  U  Þ
V  T  R  K  Ð  Ð  J  N  D  V  E  I  R  A
P  T  H  U  G  B  Ú  N  A  Ð  U  R  K  H
```

SKILABOÐ	NETIÐ
SKRÁ	LETURGERÐ
BLOGG	RANNSÓKNIR
VAFRA	SKJÁR
BÆTI	HUGBÚNAÐUR
MYNDAVÉL	TÖLFRÆÐI
TÖLVU	ÖRYGGI
BENDILL	RAUNVERULEGUR
STAFRÆN	VEIRA
GÖGN	

63 - Boeken

```
T  Ð  F  H  P  L  E  S  A  N  D  I  U  G
V  G  U  Y  Y  P  H  Ö  F  U  N  D  U  R
Ð  S  Q  A  Þ  S  Ö  G  U  L  E  G  T  B
Æ  V  I  N  T  Ý  R  I  K  V  E  G  R  Ó
S  Í  Ð  A  P  F  M  W  S  O  E  A  J  K
A  I  Y  I  F  R  U  M  L  E  G  M  T  M
M  N  Z  S  K  Á  L  D  S  A  G  A  Q  E
H  S  Z  A  R  Q  E  J  S  J  D  N  T  N
E  K  F  G  C  G  G  J  Ó  L  Y  S  V  N
N  Ð  E  A  E  Þ  A  D  T  Ð  O  A  Í  T
G  I  Ö  W  P  R  R  S  G  V  D  M  E  A
I  F  J  Ð  I  O  J  O  A  S  V  U  Ð  L
M  A  G  Ð  C  G  Q  T  X  F  U  R  L  B
C  Ð  D  V  I  Ð  E  I  G  A  N  D  I  O
```

HÖFUNDUR	GAMANSAMUR
ÆVINTÝRI	FRUMLEG
SÍÐA	LESANDI
SAFN	BÓKMENNTA
SAMHENGI	VIÐEIGANDI
TVÍEÐLI	SKÁLDSAGA
EPIC	RÖÐ
LJÓÐ	HÖRMULEGA
SKRIFAÐ	SAGA
SÖGULEGT	

64 - Meer Informatie

```
K  W  R  H  P  K  Z  F  V  R  Z  Í  V  A
E  V  E  L  D  U  R  R  É  A  C  M  É  T
X  B  I  R  X  Þ  S  Á  L  U  C  Y  F  B
T  L  K  K  C  E  P  B  M  N  Ú  N  R  U
R  E  I  T  M  D  R  Æ  E  H  T  D  É  R
E  K  S  P  O  Y  E  R  N  Æ  Ó  A  T  Ð
M  K  T  X  U  S  N  M  N  F  P  Ð  T  A
E  I  J  I  Z  T  G  D  I  T  Í  Q  Z  R
K  N  A  S  Q  Ó  I  G  A  L  A  X  Y  Á
L  G  R  T  L  P  N  B  T  H  S  F  R  S
Ó  Z  N  O  T  Í  G  H  Æ  E  Ú  S  N  E
N  Þ  A  I  H  A  C  Þ  K  K  L  S  Q  T
H  E  I  M  U  R  O  H  N  M  U  F  R  R
M  F  Q  V  H  T  T  B  I  S  H  R  H  Þ
```

KVIKMYNDAHÚS	VÉFRÉTT
BÆKUR	REIKISTJARNA
ELDUR	RAUNHÆFT
ÍMYNDAÐ	VÉLMENNI
DYSTÓPÍA	ATBURÐARÁS
SPRENGING	GALAXY
EXTREME	TÆKNI
FRÁBÆR	ÚTÓPÍA
BLEKKING	HEIMUR
KLÓN	

65 - Regenwoud

```
K  F  J  Ö  L  B  R  E  Y  T  N  I  O  L
K  U  R  B  O  T  A  N  I  C  A  L  I  R
V  G  E  U  Z  Þ  D  Ý  R  M  Æ  T  U  R
A  L  G  L  M  V  N  Á  T  T  Ú  R  A  N
R  A  Y  I  T  S  K  Ý  R  U  E  R  F  X
Ð  R  V  F  E  K  K  Q  P  O  P  T  R  M
V  D  I  U  G  O  F  Ó  R  F  R  A  U  O
E  Y  R  N  U  R  W  A  G  H  P  T  M  S
I  W  Ð  K  N  D  U  K  Y  U  N  H  B  S
S  N  I  L  D  Ý  S  C  D  B  R  V  Y  B
L  E  N  D  U  R  R  E  I  S  N  A  G  Y
U  H  G  F  R  O  S  K  D  Ý  R  R  G  Ð
S  A  M  F  É  L  A  G  M  Y  U  F  J  F
Ð  N  A  V  E  Ð  U  R  F  A  R  Q  A  M
```

FROSKDÝR
VARÐVEISLU
BOTANICAL
FJÖLBREYTNI
SAMFÉLAG
FRUMBYGGJA
SKORDÝR
FRUMSKÓGUR
VEÐURFAR
MOSS

NÁTTÚRAN
LIFUN
VIRÐING
ENDURREISN
TEGUND
ATHVARF
FUGLAR
DÝRMÆTUR
SKÝ

66 - Haartypes

```
H  Þ  H  Á  R  S  V  Ö  R  Ð  A  J  E  W
E  Y  U  T  I  X  N  T  S  I  L  F  U  R
I  I  S  N  Y  B  B  W  K  V  I  L  V  Q
L  S  Þ  F  N  L  T  M  Ö  O  T  É  O  C
B  N  N  U  H  U  G  B  L  M  A  T  K  Q
R  S  V  A  R  T  R  R  L  J  Ð  T  P  G
I  T  J  E  O  R  I  Ú  Ó  Ú  O  U  O  L
G  Þ  Y  K  K  U  R  N  T  K  K  M  X  A
Ð  I  E  H  K  H  G  T  T  U  X  G  L  N
U  C  A  P  I  M  V  O  U  R  Z  D  A  S
R  Y  B  V  Ð  Z  N  Í  R  O  A  Q  N  A
G  R  Á  R  S  T  U  T  T  F  U  I  G  N
K  R  U  L  L  A  K  B  M  U  L  H  T  D
C  L  J  Ó  S  H  Æ  R  Ð  U  R  J  J  I
```

LJÓSHÆRÐUR	HÁRSVÖRÐ
BRÚNT	SKÖLLÓTTUR
ÞYKKUR	STUTT
ÞURR	KRULLA
ÞUNNUR	HROKKIÐ
LITAÐ	LANGT
FLÉTTUM	HVÍTUR
HEILBRIGÐUR	MJÚKUR
GLANSANDI	SILFUR
GRÁR	SVART

67 - Stad

```
A B L Ó M A B Ú Ð F D L A B
S P A V E R S L U N Ý F M A
H Ð Ó N W I Ð D T V R V A K
F Á X T K T Þ Y R L A Ö R A
E S S L E I K H Ú S G L K R
V K A K X K Þ A A G A L A Í
M Ó F B Ó K A B Ú Ð R I Ð N
H L N J Q L Z B A Ð Ð N U N
Ó I L H H Y I Ð F F U N R Ð
T F L U G V Ö L L U R F F P
E P K V I K M Y N D A H Ú S
L B Ó K A S A F N F X R D J
D U Ð X O G A L L E R Í Z T
R C O M A T V Ö R U B Ú Ð O
```

APÓTEK
BAKARÍ
BANKI
BÓKASAFN
KVIKMYNDAHÚS
BLÓMABÚÐ
BÓKABÚÐ
DÝRAGARÐUR
GALLERÍ
HÓTEL

FLUGVÖLLUR
MARKAÐUR
SAFN
SKÓLI
VÖLLINN
MATVÖRUBÚÐ
LEIKHÚS
HÁSKÓLI
VERSLUN

68 - Natuur

```
S M Y H Y Þ Z E D K L S C K
K E R R E C B P D V Í A S L
J J R O F L J Y J I F R B E
Ó R T E N Þ G U X K L K Ý T
L P K U N Y L I P D E T F T
V I L L T E K M D Ð G Í L A
N D S O R I V E R Ó T S U R
Þ Ý K Þ O K A Y X A M K G B
R R Ý A P L O Ð K D A U U U
K C J C I M Z I H X K R R K
F E C Ð C Y H M J Ö K U L L
D F A N A A H Ö S B W E R C
J X P Ð L O V R S U D G Þ H
F E G U R Ð S K Ó G U R C A
```

ARKTÍSKUR	ÞOKA
BÝFLUGUR	RIVER
SKÓGUR	FEGURÐ
DÝR	SKJÓL
KVIK	SERENE
ROF	TROPICAL
SM	LÍFLEGT
JÖKULL	VILLT
HELGIDÓMUR	EYÐIMÖRK
KLETTAR	SKÝ

69 - Dinosaurussen

```
F O R S Ö G U L E G U M Þ R
G N O K B O S N H I Z A R A
J Í G E R P M T T D R M Ó B
Q H F I Á V B N Æ L P M U K
U V T U Ð C F C I R H O N J
H A C Q R I S N Þ V Ð T H Ö
D R E H A L I Ð P Æ O H Y T
J F R Þ T T E G U N D R K Æ
Ö F L U G U R G Y G M U E T
R Y I A C W V Y U I D N W A
Ð Ð S K R I Ð D Ý R B T G C
E F Ð T V Þ P G R I M M U R
J U R T A Æ T A A G B A N H
W D S T Ó R I A Ð J O M G V
```

JÖRÐ
KJÖTÆTA
GÍFURLEGUR
ÞRÓUN
STÓR
STÆRÐ
JURTAÆTA
ÖFLUGUR
MAMMOTH

OMNIVORE
FORSÖGULEGUM
BRÁÐ
SKRIÐDÝR
TEGUND
HALI
HVARF
GRIMMUR
VÆNGI

70 - Zoogdieren

```
H  E  S  T  U  R  K  A  N  Í  N  A  T  V
V  Ö  R  H  M  O  Ð  G  S  A  O  P  Ð  U
A  K  F  G  E  I  T  M  D  N  C  N  G  G
L  P  B  R  S  Z  C  V  E  C  I  U  H  K
U  T  E  J  U  S  J  E  K  Ö  T  T  U  R
R  K  A  U  H  N  A  U  T  U  P  A  N  G
C  W  V  K  E  N  G  Ú  R  A  Ú  X  D  Í
J  F  E  N  Ð  L  W  U  O  Ú  L  F  U  R
G  Ó  R  I  L  L  A  E  R  E  F  U  R  A
K  Q  R  M  J  A  P  I  Þ  I  A  J  H  F
I  W  U  H  Ó  K  G  J  V  A  L  V  B  F
V  J  D  J  N  P  Þ  F  F  B  D  T  C  I
I  M  P  A  X  K  G  K  Z  Í  A  H  G  T
J  F  M  S  L  É  T  T  U  Ú  L  F  U  R
```

API	KENGÚRA
BEAVER	KÖTTUR
SLÉTTUÚLFUR	KANÍNA
HÖFRUNGUR	LJÓN
ASNI	FÍL
GEIT	HESTUR
GÍRAFFI	NAUT
GÓRILLA	REFUR
HUNDUR	HVALUR
ÚLFALDA	ÚLFUR

71 - 1 Jaar Geleden

```
Á  A  F  G  E  R  A  N  D  I  N  G  Y  I
N  S  K  I  L  V  I  R  K  U  R  M  V  Y
A  F  T  H  G  F  O  R  V  I  T  I  N  N
J  L  I  R  E  R  L  I  S  T  R  Æ  N  N
M  L  K  S  Í  I  E  H  Ó  G  V  Æ  R  H
I  O  K  O  V  Ð  L  I  G  Ó  Ð  U  R  J
F  Y  N  D  I  Ð  U  L  N  C  V  Y  H  Á
L  K  Ð  E  T  E  T  F  A  D  Þ  H  R  L
Þ  Q  K  C  U  T  P  H  U  N  U  M  E  P
D  A  I  H  R  Y  K  A  Y  L  D  R  I  S
S  J  Ú  K  L  I  N  G  U  R  L  I  N  A
Ö  R  L  Á  T  U  R  N  P  P  N  U  T  M
Ó  H  Á  Ð  U  R  M  Ý  T  O  T  E  R  U
Á  R  A  U  Ð  A  S  T  G  Ð  G  V  G  R
```

LISTRÆNN	FYNDIÐ
HJÁLPSAMUR	ÖRLÁTUR
HÓGVÆR	GREINDUR
AFGERANDI	FORVITINN
ÁRAUÐAST	ÓHÁÐUR
HEILLANDI	SJÚKLINGUR
SKILVIRKUR	HAGNÝT
ÁSTRÍÐUFULLUR	HREINT
GÓÐUR	VITUR

72 - Exploratie

```
S  Ð  Y  L  M  A  U  Ð  X  G  L  F  W  L
U  P  F  Ð  L  Q  W  Ó  Y  V  F  N  M  K
V  P  E  F  I  V  R  Þ  B  P  J  C  C  O
I  Z  P  N  Q  U  Q  E  Z  C  A  A  G  C
R  T  T  G  N  N  Á  K  V  Ö  R  Ð  U  N
K  I  Q  J  Ö  A  Ý  K  Q  H  L  L  J  F
N  V  I  L  L  T  N  T  Ð  U  Æ  Æ  P  E
I  K  N  I  Ð  C  V  D  T  G  G  R  Ú  M
F  E  R  Ð  A  S  T  U  X  R  E  A  Ð  Æ
T  U  N  G  U  M  Á  L  N  E  D  Ý  R  Ð
M  E  N  N  I  N  G  U  G  K  L  N  F  I
F  X  W  U  I  E  L  I  H  K  Þ  O  Z  A
L  A  N  D  S  L  A  G  I  I  T  D  K  B
H  Æ  T  T  U  L  E  G  U  R  D  S  Z  G
```

VIRKNI	UPPGÖTVUN
ÁKVÖRÐUN	SPENNAN
MENNINGU	FERÐAST
DÝR	RÚM
HÆTTULEGUR	TUNGUMÁL
AÐ LÆRA	LANDSLAGI
HUGREKKI	MÆÐI
NÝTT	FJARLÆG
ÓÞEKKT	VILLT

73 - Voertuigen

```
D  R  Á  T  T  A  R  V  É  L  W  C  N  G
T  Ú  Þ  F  V  C  Q  O  V  E  S  P  U  R
C  T  P  L  K  I  K  T  F  S  Y  N  R  Þ
B  U  Y  U  M  Q  V  W  A  T  I  M  H  Þ
B  H  R  G  Þ  Ó  T  J  D  X  O  Þ  W  W
U  Í  F  V  K  J  T  V  A  B  I  M  E  F
D  P  L  É  V  A  N  O  M  P  F  H  L  E
E  Þ  E  L  L  T  Þ  Y  R  L  A  J  D  R
A  J  K  A  F  B  Á  T  U  R  L  Ó  F  J
Ð  F  I  S  J  Ú  K  R  A  B  Í  L  L  A
B  Á  T  U  R  F  D  N  M  Z  K  H  A  L
V  Ö  R  U  B  Í  L  L  C  U  A  Ý  U  Q
U  J  D  D  E  K  K  Y  L  G  U  S  G  J
R  E  I  Ð  H  J  Ó  L  G  U  P  I  I  V
```

SJÚKRABÍLL
BÍLL
DEKK
VAN
BÁTUR
RÚTU
HJÓLHÝSI
REIÐHJÓL
ÞYRLA
MÓTOR

KAFBÁTUR
ELDFLAUG
VESPU
TAXI
DRÁTTARVÉL
LEST
FERJA
FLUGVÉL
FLEKI
VÖRUBÍLL

74 - Geografie

```
F R Q R N Á Þ G B R E I D D
Z N Ð H O L A N D O K O R T
F M O G R F J A L L R S J X
L I B T Ð U U W E S G J Y
Ð L V K U N K X I Y P E G Ó
Z T F Z R N J H B J F Y D L
Z X K U M I M Y H A F T O O
P V K H S E S D Æ I Z I N G
H E I M U R R Y Ð A T L A S
P S V Æ Ð I D I J A R Ð A R
V T Ð U U C I G D R I V E R
B U X A R M I I A I F C L B
Ð R C Q L C X B N L A N D Þ
M I Ð B A U G U R L I N X X
```

ATLAS
FJALL
BREIDD
ÁLFUNNI
EYJA
MIÐBAUGUR
JARÐAR
HÆÐ
KORT
LAND

MERIDIAN
NORÐUR
HAF
SVÆÐI
RIVER
BORG
HEIMUR
VESTUR
SJÓ
SUÐUR

75 - Kunstbenodigdheden

```
G  V  A  P  R  B  B  R  L  M  B  S  Þ  B
N  A  Ð  K  A  S  V  O  I  Y  U  S  W  J
S  T  Ó  L  R  P  I  I  D  N  R  M  H  Q
G  N  N  E  Ý  P  G  X  D  S  Á  K  B
Q  S  Ð  I  E  O  L  Í  M  A  T  L  T  O
P  L  S  R  B  U  I  S  R  V  A  N  I  L
W  I  K  S  X  T  T  S  N  É  R  I  S  Í
D  T  Ö  Y  G  C  I  E  J  L  Ð  N  Þ  A
B  I  P  B  L  Ý  A  N  T  A  R  G  N  N
J  R  U  L  Æ  Y  Q  B  W  F  Y  U  Z  Ð
V  K  N  E  S  T  R  O  K  L  E  Ð  U  R
J  U  E  K  L  Þ  A  R  B  O  Z  R  Z  G
Þ  R  V  V  A  T  N  Ð  P  K  L  Ð  Ð  D
P  A  S  T  E  L  L  I  T  I  R  F  Z  U
```

AKRÝL	LITI
VATNSLITIR	LÍM
BURSTAR	OLÍA
MYNDAVÉL	PAPPÍR
SKÖPUN	PASTELLITIR
GLÆSLA	BLÝANTAR
STROKLEÐUR	STÓL
KOL	BORÐ
BLEK	MÁLNINGU
LEIR	VATN

76 - Barbecues

```
S V K Y A B O Ð B Þ Ð Q J U
C Ó D J K V Ö L D M A T U R
D X S Ð Ú Þ D W N Y H Ð L Z
Q G G A Z K R G Ð L Y H H J
P U A K A K L Q A N Z K J T
Á V Ö X T U R I H U N G U R
L D R T Ó S C F N O A Þ G T
L A S U M A R O Í G U H R Ó
S J U T A L A R F R U O Æ N
A F E K T Ö E K A I C R N L
L I H V A T I S X L F V M I
T A A E R J X Q H L A B E S
F J Ö L S K Y L D A F S T T
R F P I P A R H E I T T I O
```

KVÖLDMATUR
FJÖLSKYLDA
ÁVÖXTUR
GRILL
GRÆNMETI
HEITT
HUNGUR
KJÚKLINGUR
HNÍFA
TÓNLIST

PIPAR
SALÖT
SÓSA
TÓMATAR
LAUK
BOÐ
FORKS
SUMAR
SALT

77 - Wetenschappelijke Discip

```
R H V V S X C M V Q N M S V
U E A M G Á B W É E Æ Y T É
S X V E P E L E L E R Ð E L
V G B O X V T F F L I K I M
A Þ Ð F J Y J Þ R V N I N E
R Ð F P B M A C Æ Æ G R D N
M M L Í F F R Æ Ð I Ð N A N
A S Ð E Þ Þ Ð P I P L I F I
F É L A G S F R Æ Ð I U R O
R E F N A F R Æ Ð I K G Æ O
Æ A L Í F F Æ R A F R Æ Ð I
Ð K X D V F Ð F E Q R Z I A
I H F F G V I S T F R Æ Ð I
V E Ð U R F R Æ Ð I Q P F D
```

LÍFFÆRAFRÆÐI   STEINDAFRÆÐI
LÍFFRÆÐI   SÁLFRÆÐI
EFNAFRÆÐI   VÉLMENNI
VISTFRÆÐI   FÉLAGSFRÆÐI
JARÐFRÆÐI   VARMAFRÆÐI
VÉLFRÆÐI   NÆRING
VEÐURFRÆÐI

78 - Bijvoeglijke Naamwoorden

```
H  R  E  I  N  T  S  A  L  T  U  R  E  N
Z  J  Á  H  U  G  A  V  E  R  T  Ð  X  Á
E  Ð  J  U  K  S  Ð  I  A  S  N  Q  I  T
S  Ð  J  X  B  N  F  L  W  N  Ý  T  T  T
T  S  L  E  K  T  A  L  J  M  G  Þ  F  Ú
O  K  Á  I  P  V  I  T  Þ  G  Z  U  E  R
L  A  B  F  L  S  T  E  R  K  U  R  R  U
T  P  Y  I  N  E  G  V  E  N  D  B  S  L
U  A  R  O  A  A  G  O  Y  C  S  D  K  E
R  N  G  M  H  O  P  T  T  D  S  L  U  G
R  D  U  D  R  A  M  A  T  Í  S  K  R  T
Z  I  R  L  X  K  U  L  U  G  X  T  P  F
L  Ý  S  A  N  D  I  D  R  D  R  W  N  B
H  E  I  L  B  R  I  G  Ð  U  R  U  D  I
```

EKTA	NÝTT
LÝSANDI	EÐLILEGT
SKAPANDI	STERKUR
DRAMATÍSK	STOLTUR
HEILBRIGÐUR	ÁBYRGUR
SVANGUR	FERSKUR
ÁHUGAVERT	VILLT
ÞREYTTUR	SALTUR
NÁTTÚRULEGT	HREINT

79 - Kleding

```
B N S E M U H Á L S M E N K
C P O B Þ G A Ð L Ð R X T Á
J K K E U Þ T Í S K A M I P
K J K L M X T O E J C G S U
J Q A T X F U X H A N S K A
Ó U R I S T R R B K S K Ó F
L B L Ú S S A S N K F Y R U
L T O K N A E T V I U R Z T
I O J F G R R Y J U H T E Z
S I P I L S W M X I N A P F
N Á T T F Ö T I B R A T T V
P E Y S A Y S G Y A W I U V
Y P C M C I D T R H N Y G J
O F K K T R E F I L X D Ð K
```

ARMBAND	NÁTTFÖT
BLÚSSA	BELTI
BUXUR	PILS
HANSKA	SKÓ
HATTUR	SKÓR
KÁPU	SVUNTU
JAKKI	SKYRTA
KJÓLL	TREFIL
HÁLSMEN	SOKKAR
TÍSKA	PEYSA

80 - Vliegtuigen

```
U  D  L  S  I  G  L  Þ  C  Y  W  F  E
P  C  H  M  T  H  Æ  T  A  D  D  T  K  L
P  Y  L  Í  D  J  Q  V  É  L  O  F  T  D
R  M  O  Ð  X  L  Ó  K  I  A  H  Æ  Ð  S
U  I  Q  I  O  E  F  R  Q  N  Y  E  U  N
N  H  I  M  I  N  N  Ó  N  J  T  Y  F  E
A  Ö  Á  K  I  D  V  K  S  M  D  Ý  A  Y
Ð  N  H  E  L  I  Y  Y  U  A  Á  G  R  T
Z  N  Ö  W  Ð  N  E  R  R  V  G  L  Þ  I
X  U  F  Ð  H  G  Þ  R  X  E  F  A  E  P
U  N  N  G  G  V  X  Ð  J  T  L  X  G  C
B  L  Ö  Ð  R  U  F  T  C  N  I  I  I  G
F  L  U  G  M  A  Ð  U  R  I  R  N  G  X
S  T  E  F  N  U  T  T  Y  A  R  F  S  G
```

UPPRUNA	LENDING
STJÓRNMÁL	LOFT
ÆVINTÝRI	VÉL
BLÖÐRU	SIGLA
ÁHÖFN	HÖNNUN
SMÍÐI	FARÞEGI
ELDSNEYTI	FLUGMAÐUR
SAGA	STEFNU
HIMINN	ÓKYRRÐ
HÆÐ	VETNI

81 - Herbalisme

```
S  F  S  B  A  V  P  W  G  L  U  H  V  H
T  Y  G  A  R  Ð  U  R  R  O  F  T  K  V
E  B  Ð  G  F  V  E  P  Æ  F  B  A  K  Í
I  F  M  Æ  B  F  H  K  N  N  O  V  E  T
N  E  N  Ð  V  F  R  B  T  A  D  H  T  L
S  C  S  I  L  M  Þ  A  M  R  V  I  I  A
E  B  N  T  M  O  K  S  N  B  L  Ó  M  U
L  R  S  C  R  L  J  I  I  L  Z  R  J  K
J  A  U  E  D  A  N  L  P  Ó  Ð  V  A  U
A  G  Q  Q  C  Q  G  Ð  M  M  M  N  N  R
J  Ð  E  U  H  L  U  O  R  E  G  A  N  O
M  A  R  J  O  R  A  M  N  A  F  U  Q  A
Ð  Ð  G  D  I  L  L  I  L  M  A  N  D  I
M  A  T  R  E  I  Ð  S  L  U  Y  G  Z  M
```

ILMANDI
BASIL
BLÓM
MATREIÐSLU
DILL
ESTRAGON
GRÆNT
EFNI
HVÍTLAUKUR

GÆÐI
LOFNARBLÓM
MARJORAM
OREGANO
STEINSELJA
SAFFRAN
BRAGÐ
TIMJAN
GARÐUR

82 - Meubels

```
M  C  F  W  B  Y  H  U  G  G  A  H  C  B
R  P  V  B  E  L  E  C  J  G  O  Æ  G  C
N  W  P  Ð  K  A  N  E  J  W  F  G  L  Z
S  T  Ó  L  K  M  G  L  U  I  R  I  U  T
P  M  K  W  U  P  I  L  C  D  B  N  G  N
E  Ú  C  L  R  I  R  C  Þ  E  Ó  D  G  K
G  E  Ð  A  Ð  U  Ú  M  Þ  Q  K  A  A  Ð
I  T  O  A  K  O  M  M  Ó  Ð  A  S  T  Z
L  D  W  K  R  W  Z  Z  R  Ð  S  T  J  K
L  P  Ý  H  I  L  L  U  R  V  K  Ó  Ö  O
R  Ú  M  N  L  F  U  Q  Þ  F  Á  L  L  D
M  Þ  A  H  A  X  G  V  K  Y  P  L  D  D
G  Ó  L  F  M  O  T  T  A  M  U  Þ  C  I
Ð  E  N  S  K  R  I  F  B  O  R  Ð  Q  N
```

BEKKUR
RÚM
BÓKASKÁPUR
SKRIFBORÐ
HUGGA
KOMMÓÐA
HÆGINDASTÓLL
GLUGGATJÖLD
HENGIRÚM

KODDI
PÚÐAR
LAMPI
DÝNA
HILLUR
SPEGILL
STÓL
GÓLFMOTTA

83 - Piraten

```
Y U T T Q M G U L L O Q I A
P Á F A G A U K U R P K S N
Á Á T T A V I T A S L Æ M T
H F O Q S H N F J A R A Ð R
Ö G K O X V F N X Y W Q P T
F Ð A J X Ö B L T C E P F E
N L P K O R T D J Q Þ Z C F
D K T S K I M E C P F R H S
S V E R Ð E M B H H A C Æ H
Æ V I N T Ý R I A E W N T F
W J N Ð W H Q I F Y L S T Á
Þ J Ó Ð S A G A E J Y L A N
R O M M D J R U I A J Ð I A
I B N F J Á R S J Ó Ð U R D
```

AKKERI
ÆVINTÝRI
ÁHÖFN
EYJA
HÆTTA
GULL
HELLI
KORT
KAPTEIN
ÁTTAVITA

ÞJÓÐSAGA
ÖR
HAF
PÁFAGAUKUR
ROMM
FJÁRSJÓÐUR
SLÆMT
FJARA
FÁNA
SVERÐ

84 - Surfen

```
Í  Þ  R  Ó  T  T  A  M  A  Ð  U  R  Y  S
T  D  Q  Z  F  Y  I  W  W  Þ  E  T  T  T
T  U  C  B  K  Z  Ú  Ð  A  N  L  H  M  Í
C  H  V  Y  C  W  G  V  F  J  A  R  A  L
E  X  T  R  E  M  E  T  R  F  V  A  N  F
R  I  F  J  T  I  A  Ð  D  R  E  Ð  N  A
G  A  M  A  N  B  N  G  M  O  Ð  I  F  R
A  Ð  E  N  C  Y  Y  C  I  Ð  U  W  J  K
Ð  Ð  I  D  D  L  R  Q  M  U  R  J  Ö  T
S  E  S  I  O  G  W  V  I  N  S  Æ  L  L
Y  E  T  Þ  O  J  D  V  V  K  G  X  D  X
N  Þ  A  P  I  A  B  C  I  Ð  B  C  I  R
D  G  R  S  T  Y  R  K  U  R  U  Q  A  Þ
A  H  I  C  U  U  W  Q  X  J  A  R  G  M
```

ÍÞRÓTTAMAÐUR	VINSÆLL
BYRJANDI	RIF
EXTREME	FROÐU
BYLGJA	HRAÐI
MEISTARI	ÚÐA
STYRKUR	STÍL
MAGI	FJARA
MANNFJÖLDI	VEÐUR
HAF	AÐ SYNDA
GAMAN	

85 - Rijden

```
Z  U  M  F  E  R  Ð  D  Ð  G  Q  K  C  X
B  E  H  J  F  L  G  A  N  G  A  N  D  I
N  J  R  I  L  E  D  Z  G  Ð  T  R  U  G
Þ  B  M  B  R  Y  J  S  Ö  H  Y  A  E  H
L  Þ  Ó  R  Q  F  G  H  N  Ð  T  Q  H  Æ
V  T  T  E  Þ  I  A  P  G  E  K  O  R  T
E  Ö  O  M  Z  G  S  D  G  J  Y  C  A  T
G  H  R  S  J  A  I  I  X  M  K  T  Ð  A
U  Ð  H  U  C  T  M  Ó  T  O  R  O  I  P
R  X  J  R  B  A  Ö  R  Y  G  G  I  N  I
U  H  Ó  N  B  Í  L  L  I  R  S  P  Q  J
X  O  L  C  Y  O  L  G  S  R  T  L  V  S
B  Í  L  S  K  Ú  R  L  Q  P  V  M  Y  G
S  W  H  S  L  Ö  G  R  E  G  L  A  N  S
```

BÍLL	LÖGREGLAN
ELDSNEYTI	BREMSUR
BÍLSKÚR	HRAÐI
GAS	GATA
HÆTTA	GÖNG
KORT	ÖRYGGI
LEYFI	UMFERÐ
MÓTOR	GANGANDI
MÓTORHJÓL	VÖRUBÍLL
SLYS	VEGUR

86 - Wetenschap

V	Í	S	I	N	D	A	M	A	Ð	U	R	N	A
A	D	A	S	T	A	Ð	R	E	Y	N	D	Á	G
A	T	I	L	R	A	U	N	L	Þ	A	S	T	N
N	T	H	G	P	A	M	B	Í	Þ	I	T	T	I
S	I	Ó	U	W	T	Q	M	F	E	D	E	Ú	R
R	A	E	M	G	Ö	G	N	V	Ð	E	I	R	L
P	P	M	V	E	U	L	F	E	L	P	N	A	E
A	Ð	F	E	R	Ð	N	E	R	I	L	E	N	F
H	T	Z	Ð	I	Y	G	W	U	S	Ö	F	Þ	N
N	L	Þ	U	F	N	Y	Þ	T	F	N	N	I	I
Q	Z	T	R	Q	L	D	S	W	R	T	I	L	C
Þ	M	I	F	W	Y	V	I	W	Æ	U	U	C	E
Q	T	O	A	N	L	K	J	R	Ð	R	I	M	U
O	S	Þ	R	Ó	U	N	U	K	I	D	B	P	N

ATÓM
EFNI
AGNIR
ÞRÓUN
TILRAUN
STAÐREYND
GÖGN
VEÐURFAR
AÐFERÐ

STEINEFNI
SAMEINDIR
NÁTTÚRAN
EÐLISFRÆÐI
ATHUGUN
LÍFVERU
PLÖNTUR
VÍSINDAMAÐUR

87 - Hulpmiddelen

```
H R N V H T U H R A K V É L
N E E C V Ð W Ö Z B A V J N
Í I H E F T A F S H B Z C F
F P P R Q A F Ð K B E R E Ð
P I H H Z N D I Æ Z L O W L
A V C J H G O N R O X Ö N S
G O J Ó M I M G I B R X K S
F K H L Ð R M J S U R I A R
H T U E Ð S Z A T K Z I P C
H A K D F X C Ð I Þ R N J Ð
R C M A U T Q E G L K Ú O J
Q M O A B K A Þ I Y J C F Z
G X K N R P L R M W F U B A
C L A T K Y N D I L L Í M H
```

ÖXI
KYNDILL
HAMAR
HÖFÐINGJA
KABEL
STIGI
LÍM
HNÍF
HEFTA

HEFTARI
SKÆRI
RAKVÉL
MOKA
SKRÚFA
TANGIR
REIPI
HJÓL

88 - Speelgoed

```
B  B  Á  T  U  R  G  L  L  N  D  K  X  C
S  Í  B  O  L  T  I  J  K  E  X  L  F  C
U  L  B  Ð  I  Þ  L  E  S  T  I  T  C  N
T  L  U  P  P  Á  H  A  L  D  S  K  Á  K
X  R  E  I  Ð  H  J  Ó  L  B  Y  S  I  V
L  D  O  A  Þ  V  É  L  M  E  N  N  I  R
Q  E  W  M  D  Ú  K  K  A  J  B  O  F  Þ
F  K  I  T  M  P  F  W  L  O  Æ  Y  Þ  R
L  A  O  R  Q  U  C  A  Ð  Y  K  C  G  A
U  U  C  M  F  H  R  C  U  X  U  D  N  U
G  F  L  U  G  D  R  E  K  A  R  S  T  T
V  Í  M  Y  N  D  U  N  A  R  A  F  L  Q
É  M  Á  L  N  I  N  G  U  Ð  C  J  L  Y
L  G  M  B  P  R  H  A  N  D  V  E  R  K
```

HANDVERK	DÚKKA
BÍLL	ÞRAUT
BOLTI	VÉLMENNI
BÆKUR	SKÁK
BÁTUR	LEST
TROMMUR	ÍMYNDUNARAFL
UPPÁHALDS	MÁLNINGU
REIÐHJÓL	FLUGDREKA
LEIKIR	FLUGVÉL
LEIR	

89 - Muziekinstrumenten

```
K  I  M  O  N  A  W  W  P  N  S  T  M  B
Q  L  E  A  Ó  B  Ó  G  Í  T  A  R  A  Đ
M  Đ  A  P  N  K  Z  H  A  R  X  O  R  H
A  Q  T  R  L  D  I  D  N  K  Ó  M  I  F
V  A  H  T  I  G  Ó  Đ  Ó  W  F  P  M  D
M  J  Q  N  P  N  O  L  L  P  Ó  E  B  S
H  A  R  P  A  P  E  N  Í  F  N  T  A  J
B  U  M  B  U  R  V  T  G  N  N  M  S  S
B  A  N  J  Ó  Y  E  R  T  Þ  U  N  M  E
Á  F  L  A  U  T  U  O  F  I  Đ  L  U  L
S  X  Đ  R  C  O  Đ  M  N  S  S  N  Z  L
Ú  D  X  E  C  R  J  M  H  C  Y  D  S  Ó
N  X  X  H  Z  Đ  F  A  G  O  T  T  G  Þ
A  R  S  M  U  N  N  H  Ö  R  P  U  U  O
```

BANJÓ	MARIMBA
SELLÓ	MUNNHÖRPU
FAGOTT	PÍANÓ
FLAUTU	SAXÓFÓN
GÍTAR	BUMBUR
GONG	BÁSÚNA
HARPA	TROMMA
ÓBÓ	TROMPET
KLARINETT	FIÐLU
MANDÓLÍN	

90 - Activiteiten en Vrije Ti

```
M  I  F  G  A  R  Ð  Y  R  K  J  A  T  K
Á  D  C  Ó  Á  H  U  G  A  M  Á  L  E  Ö
L  N  M  I  T  N  T  F  V  Ð  X  O  N  R
V  V  Ú  T  E  B  T  X  E  E  Y  V  N  F
E  I  T  H  K  G  O  L  F  R  I  U  I  U
R  X  J  S  J  I  S  L  L  Þ  Ð  Ð  S  B
K  E  Æ  K  Ö  F  U  N  T  L  S  A  I  O
B  T  Ð  B  M  W  J  W  U  I  U  B  S  L
L  O  A  F  S  L  A  P  P  A  N  D  I  T
A  K  Y  L  I  S  T  Ð  H  R  D  I  W  I
K  A  P  P  A  K  S  T  U  R  K  O  A  A
L  U  H  A  F  N  A  B  O  L  T  I  R  B
G  Ö  N  G  U  F  E  R  Ð  I  R  D  U  M
H  N  E  F  A  L  E  I  K  A  R  Q  A  G
```

KÖRFUBOLTI	KAPPAKSTUR
HNEFALEIKAR	FERÐAST
KÖFUN	MÁLVERK
GOLF	TENNIS
VEIÐI	GARÐYRKJA
ÁHUGAMÁL	FÓTBOLTI
HAFNABOLTI	BLAK
ÚTJÆÐA	GÖNGUFERÐIR
LIST	SUND
AFSLAPPANDI	

91 - Water

```
Á  H  M  F  R  O  S  T  I  S  U  H  Y  Ö
V  Í  Q  O  I  D  T  L  D  E  V  A  W  L
E  S  Ð  D  N  R  W  U  S  N  Ð  B  H  D
I  S  D  C  S  S  I  W  Ð  Ð  T  F  K  U
T  Z  Þ  V  T  R  Ú  G  O  S  N  J  Ó  R
U  P  P  G  U  F  U  N  N  Þ  T  V  Y  K
V  H  J  Q  R  M  Z  Þ  G  I  Q  Z  J  W
Ð  B  Þ  T  T  R  I  V  E  R  N  W  N  I
K  N  W  F  U  Ö  A  E  Y  B  J  G  I  G
W  T  U  L  A  K  E  K  S  Í  K  U  R  J
H  D  D  Ó  G  U  F  U  I  G  N  Þ  V  J
A  L  S  Ð  W  M  G  M  R  J  H  N  P  W
F  E  L  L  I  B  Y  L  U  R  A  Q  C  Y
D  R  Y  K  K  J  A  R  H  Æ  F  T  N  Q
```

STURTU
DRYKKJARHÆFT
GEYSIR
ÖLDUR
ÍS
ÁVEITU
SÍKUR
LAKE
MONSÚN
HAF

FELLIBYLUR
FLÓÐ
RIGNING
RIVER
SNJÓR
GUFU
UPPGUFUN
RÖKUM
RAKI
FROST

92 - Schaken

```
A  J  W  B  V  L  H  C  N  F  H  Ð  K  M
S  Ð  B  Z  R  E  G  L  U  R  L  V  E  E
H  T  L  U  P  I  P  C  L  Ð  T  D  P  I
N  Þ  Y  Æ  Þ  K  Y  F  H  U  G  R  P  S
G  G  R  P  R  M  Ó  T  S  V  X  O  N  T
H  V  N  Ð  Q  A  Ð  X  V  H  Í  T  I  A
A  Ð  G  E  R  Ð  A  L  A  U  S  T  A  R
T  Í  M  I  F  U  X  S  R  S  F  N  U  I
Q  M  P  S  Y  R  Þ  K  T  L  F  I  S  R
G  F  X  P  Ð  D  R  Á  B  E  F  N  T  W
M  Ó  T  M  Æ  L  A  N  D  I  F  G  I  J
H  R  H  S  N  J  A  L  L  K  A  N  G  G
B  N  U  L  D  Z  K  O  N  U  N  G  U  R
Á  S  K  O  R  A  N  I  R  R  Ð  D  B  C
```

SKÁ	LEIKUR
MEISTARI	LEIKMAÐUR
KONUNGUR	STEFNU
DROTTNING	MÓTMÆLANDI
AÐ LÆRA	TÍMI
FÓRN	MÓT
AÐGERÐALAUS	ÁSKORANIR
STIG	KEPPNI
REGLUR	HVÍTUR
SNJALL	SVART

93 - Boerderij #1

```
H  L  F  A  K  H  R  Í  S  G  R  J  Ó  N
U  Q  N  S  Ö  E  K  M  F  I  P  F  H  C
N  N  Ð  N  T  Y  J  F  T  R  Þ  S  W  M
A  Y  I  I  T  T  Ú  O  U  Ð  Y  L  S  R
N  T  X  N  U  R  K  H  A  I  A  A  I  T
G  K  H  G  R  F  L  E  T  N  K  N  K  X
N  Á  E  E  W  R  I  P  V  G  Ý  D  P  M
E  L  Þ  I  S  Æ  N  R  X  A  R  B  E  F
H  F  G  T  I  T  G  W  O  E  T  Ú  N  L
X  U  P  V  Á  B  U  R  Ð  U  R  N  G  O
A  R  N  P  Ð  Í  R  R  S  C  L  A  I  K
E  S  X  D  Z  Y  Z  M  Ð  O  L  Ð  D  K
Þ  J  R  W  U  J  K  M  R  Z  Y  U  V  U
D  S  Z  T  K  R  Á  K  A  S  A  R  Q  R
```

BÍ
ASNI
GEIT
GIRÐING
HUNDUR
HUNANG
HEY
KÁLFUR
KÖTTUR
KJÚKLINGUR

KÝR
KRÁKA
FLOKKUR
LANDBÚNAÐUR
ÁBURÐUR
HESTUR
HRÍSGRJÓN
ENGI
VATN
FRÆ

94 - Huis

```
A N G B K S T U R T U T B P
V T A D J B K Ú S T U R P Z
H X R E A Ó L Z Þ Q Y D E Þ
U B Ð E L K X H A R I N N Q
E Í U F L A L Ú K H Þ G V K
B L R T A S A S I U T M W B
Q S D T R A M G I R Ð I N G
Ð K Y H I F P Ö T Ð O B V T
R Ú S U Ú N I G N D L X E B
D R J F O S Q N Ð R W D G T
S T R O M P I N N E W O G M
F Z Y J Z H E R B E R G I M
S P E G I L L O F T N B G O
S V E F N H E R B E R G I Y
```

KÚSTUR

BÓKASAFN

ÞAK

HURÐ

STURTU

BÍLSKÚR

ARINN

GIRÐING

HERBERGI

KJALLARI

ELDHÚS

LAMPI

HÚSGÖGN

VEGG

LOFT

STROMPINN

SVEFNHERBERGI

SPEGILL

GARÐUR

95 - Kleuren

```
F  C  B  J  R  P  B  P  T  G  S  H  K  V
J  Ð  L  B  A  S  R  M  Q  M  S  V  W  E
Ó  H  E  L  U  X  Ú  O  U  C  L  Í  T  M
L  B  I  Á  Ð  E  N  M  X  Q  J  T  A  F
U  N  K  G  U  A  T  C  A  Y  Z  U  F  U
B  J  U  R  R  P  S  K  G  G  B  R  T  C
L  I  R  Æ  G  P  U  C  U  W  E  W  U  H
Á  K  O  N  Q  E  E  N  L  C  I  N  R  S
R  B  J  N  M  L  G  W  U  D  G  J  T  I
D  L  V  P  S  S  A  R  R  S  E  P  I  A
D  Á  J  U  T  Í  G  B  Æ  R  U  B  Q  K
V  R  X  Ð  X  N  J  R  W  N  F  Q  H  M
S  H  T  S  V  A  R  T  Á  Z  T  F  C  T
I  N  D  I  G  O  D  M  L  R  J  O  U  B
```

AFTUR	INDIGO
BEIGE	MAGENTA
BLÁR	APPELSÍNA
BRÚNT	FJÓLUBLÁR
BLÁGRÆNN	RAUÐUR
FUCHSIA	BLEIKUR
GULUR	SEPIA
GRÁR	HVÍTUR
GRÆNT	SVART

96 - Verjaardag

```
S  K  P  S  S  D  W  C  L  Ð  T  Ð  H  H
V  P  G  J  Ö  F  B  Z  J  Ð  D  Í  A  L
I  T  I  E  Q  H  V  W  T  X  T  M  M  L
S  I  Ð  L  E  L  B  O  Ð  Á  I  I  I  I
K  O  W  D  A  R  O  V  U  R  D  N  N  J
I  R  J  R  F  G  A  M  A  N  N  G  M  M
A  Q  Y  I  E  Æ  S  N  I  J  F  I  J  E
W  T  L  U  K  D  Ð  W  Q  U  T  N  U  Þ
L  A  G  T  E  D  A  Y  X  P  N  G  S  S
D  A  G  U  R  U  D  G  C  H  Þ  A  A  U
P  A  B  Ð  T  R  O  L  A  Á  A  R  M  N
W  P  O  T  I  D  X  K  Y  T  M  C  U  G
S  É  R  S  T  A  K  T  Ð  Í  A  M  R  U
V  I  N  I  R  K  A  K  A  Ð  E  L  L  R
```

KAKA	DAGATAL
DAGUR	LAG
FÆDDUR	ELDRI
HAMINGJUSAMUR	GAMAN
GJÖF	SÉRSTAKT
MINNINGAR	TÍMI
ÁR	BOÐ
UNGUR	HÁTÍÐ
KERTI	VINIR
SPIL	VISKI

97 - Getallen

```
V Z S E X T Á N Í U R Y Þ Y
J C J T X U Ó N Ú L L Ð R U
W E Ö Í V S W L E S T Q Í Q
Q B S U E E E W F K L P R L
F I M M I X I T U T T U G U
V F D P N O Þ R Á G X P U F
Q S M K N A P S T T N Y G J
F J Ó R I R F A T H J C I Ó
F A F P L U K U A S R Á L R
M X W O Þ R E T T Á N Q N T
N U H S B Y V J H G F T F Á
O G Z I R N Y Á O H N V V N
J G N X W Z Ð N M C J D Q Ð
W R F I M M T Á N Í T J Á N
```

ÁTTA
ÁTJÁN
ÞRETTÁN
ÞRÍR
EINN
NÍU
NÍTJÁN
NÚLL
TÍU
TÓLF

TVEIR
TUTTUGU
FJÓRTÁN
FJÓRIR
FIMM
FIMMTÁN
SEX
SEXTÁN
SJÖ
SAUTJÁN

98 - Boerderij #2

```
A  H  Z  Q  Á  V  Ö  X  T  U  R  P  B  V
D  L  L  A  M  A  D  Ý  R  H  J  P  Y  Q
Ý  R  D  Ö  N  D  A  I  C  V  I  Þ  G  H
R  N  Á  I  Ð  Y  H  E  Þ  E  H  R  G  J
W  G  L  T  N  U  K  Y  B  I  I  Q  R  L
I  B  X  M  T  G  F  U  T  T  R  O  Æ  V
U  H  J  J  Z  A  A  V  Ð  I  Ð  R  N  I
A  C  I  Ó  O  S  R  R  V  C  I  X  M  N
Þ  A  Q  L  A  M  B  V  Ð  T  R  O  E  D
H  H  Y  K  I  N  D  H  É  U  S  B  T  M
Á  V  E  I  T  U  K  H  Ð  L  R  E  I  Y
Ð  I  M  K  J  M  O  W  V  K  B  N  R  L
B  Ó  N  D  I  W  R  X  J  F  I  G  B  L
B  Ý  F  L  U  G  N  A  B  Ú  A  I  Q  A
```

BÝFLUGNABÚ   LAMB
BÓNDI   LAMADÝR
ALDINGARÐUR   KORN
DÝR   MJÓLK
ÖND   KIND
ÁVÖXTUR   HLÖÐU
BYGG   HVEITI
GRÆNMETI   DRÁTTARVÉL
HIRÐIR   ENGI
ÁVEITU   VINDMYLLA

99 - Voeding

```
M  H  E  Q  S  E  R  M  Q  B  G  M  H  Q
S  I  I  V  Ó  Þ  Ó  A  Z  Þ  Æ  A  E  T
X  T  T  A  S  Y  L  T  T  K  Ð  T  I  S
H  A  U  D  A  N  E  A  Z  P  I  A  L  L
E  E  R  K  L  G  G  R  U  R  E  R  S  L
I  I  E  S  O  D  U  Æ  X  Ó  P  L  A  M
L  N  F  Þ  R  L  R  Ð  G  T  R  Y  R  B
B  I  N  K  A  X  V  I  Þ  E  H  S  P  J
R  N  I  H  Y  B  I  E  L  I  R  T  G  Q
I  G  B  V  Ö  K  V  A  T  N  O  J  X  Þ
G  A  I  R  V  L  Q  K  L  N  Æ  T  U  R
Ð  R  T  O  A  I  H  C  R  R  I  L  Þ  N
U  W  U  C  U  G  M  E  L  T  I  N  G  H
R  Þ  R  Z  M  H  Ð  V  Í  T  A  M  Í  N
```

BITUR
HITAEININGAR
MATARÆÐI
ÆTUR
MATARLYST
PRÓTEIN
RÓLEGUR
GERJUN
ÞYNGD
HEILBRIGÐUR

HEILSA
KOLVETNI
GÆÐI
SÓSA
BRAGÐ
MELTING
EITUREFNI
VÍTAMÍN
VÖKVA

1 - Metingen

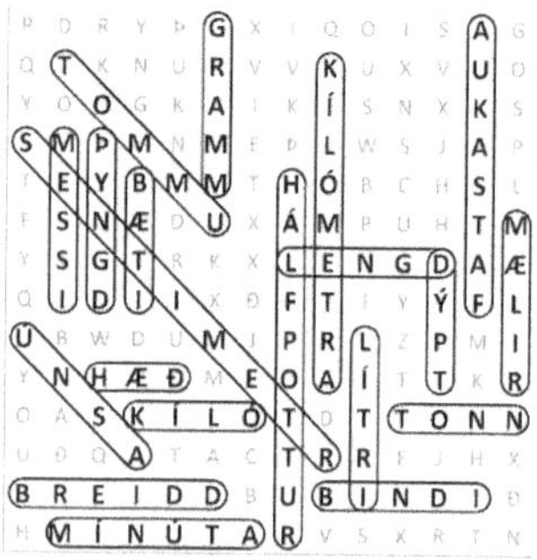

2 - Keuken

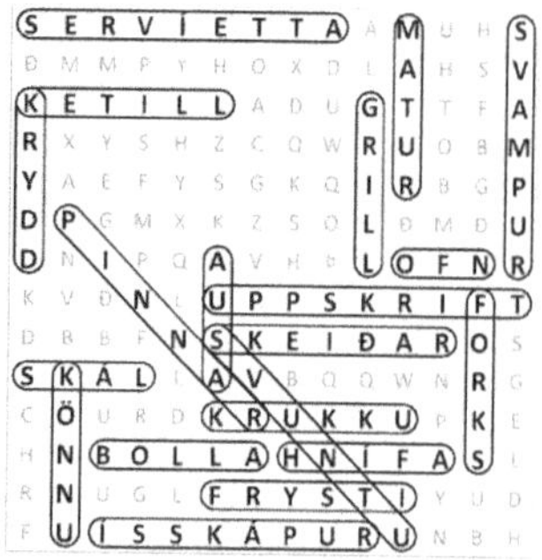

3 - Boten

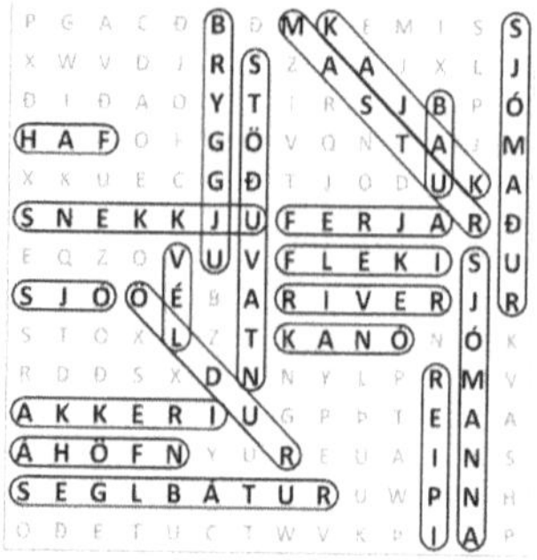

4 - Chocolade

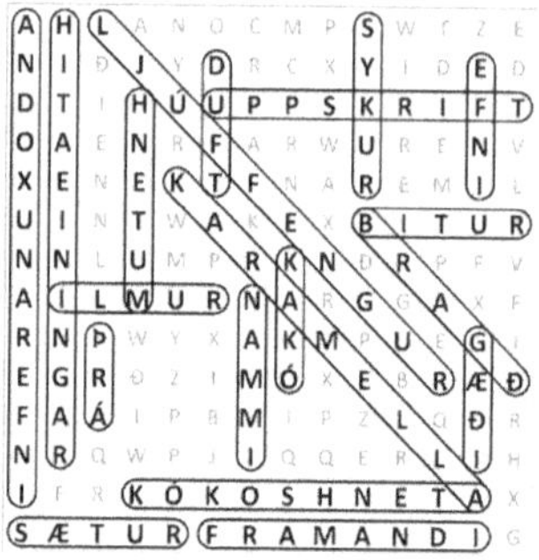

5 - Tijd

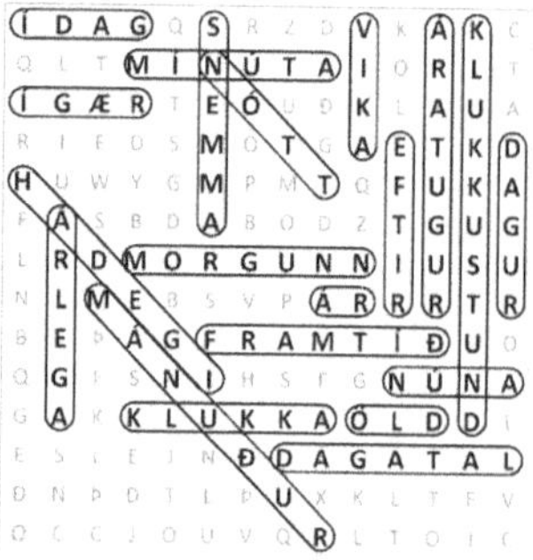

6 - Meditatie

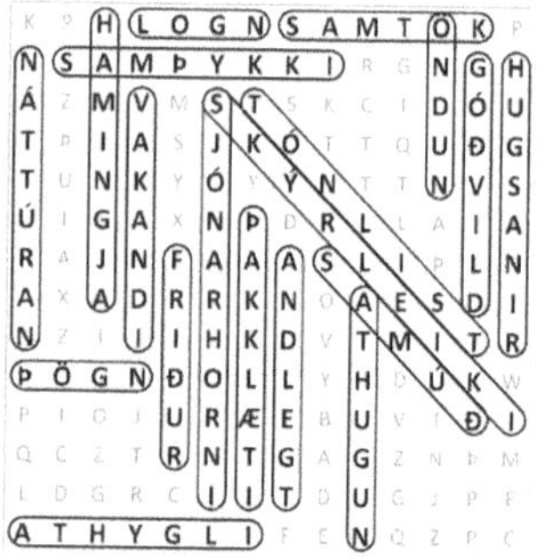

7 - Zomer

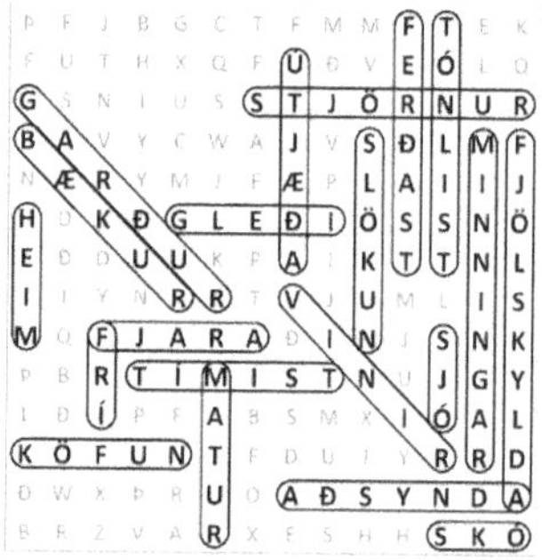

8 - Vogels

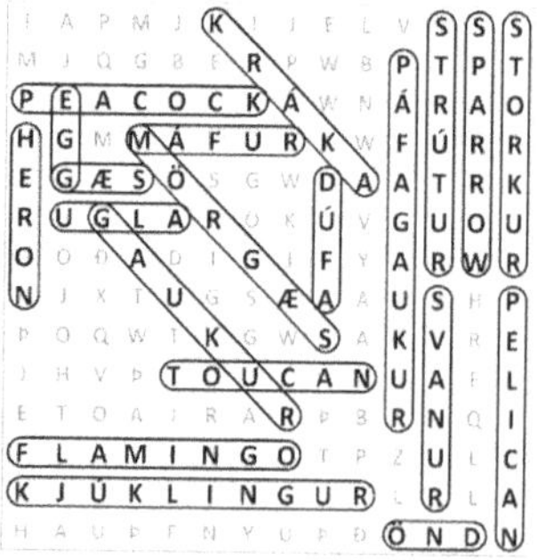

9 - Behoud

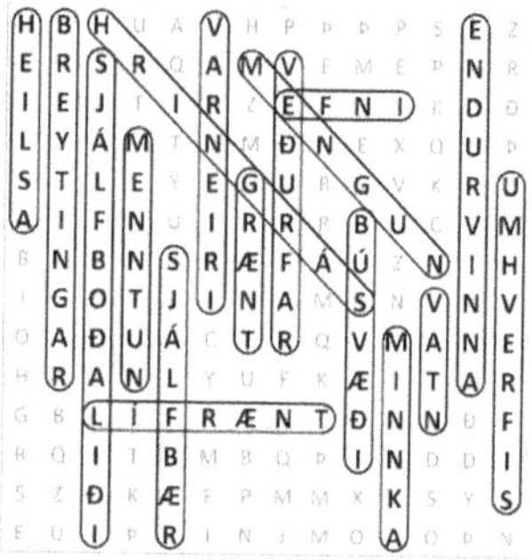

10 - Wiskunde

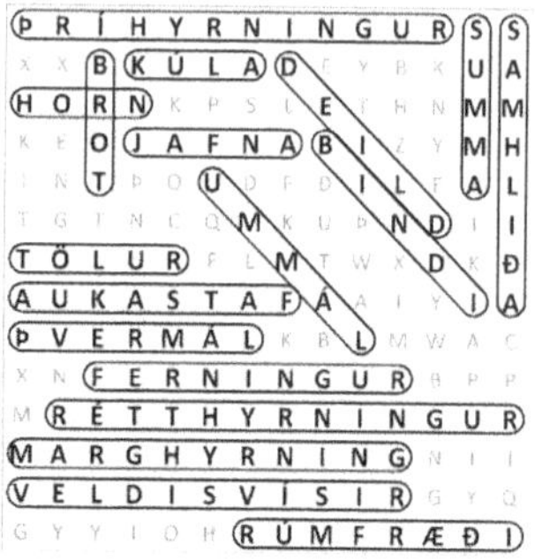

11 - Camping

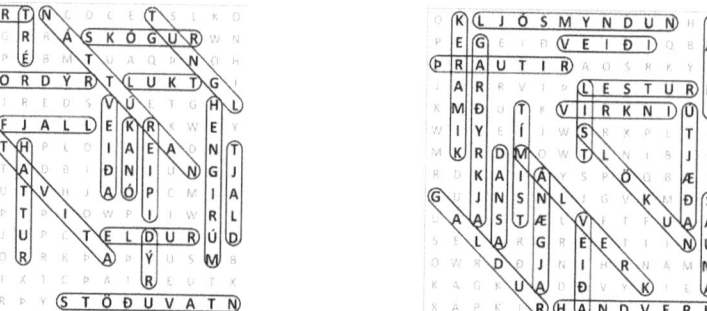

12 - Activiteiten

13 - Vormen

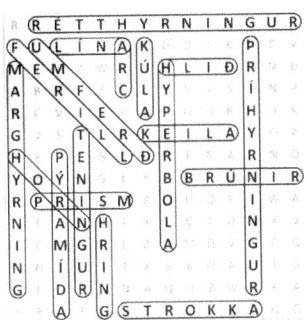

14 - Astronomie

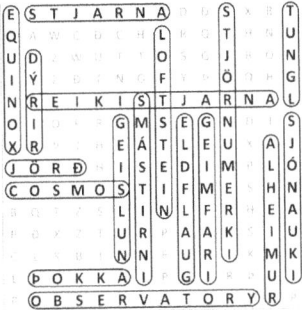

15 - Emoties

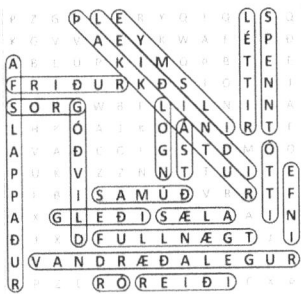

16 - Vakantie #2

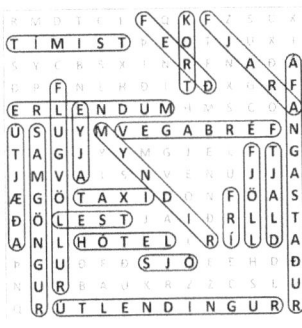

17 - Weersomstandigh

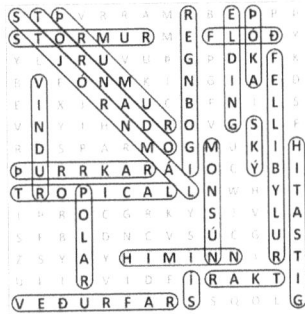

18 - Strand

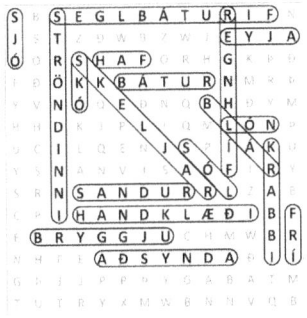

19 - Eten #2

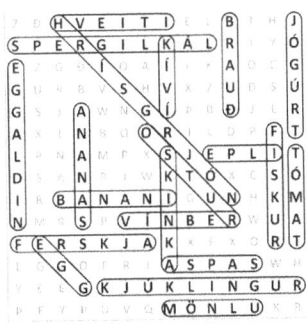

20 - Klimmen

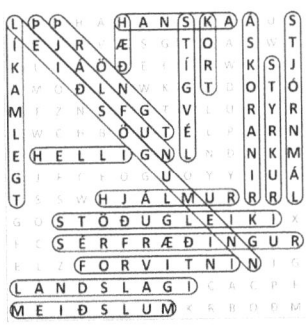

21 - Restaurant #1

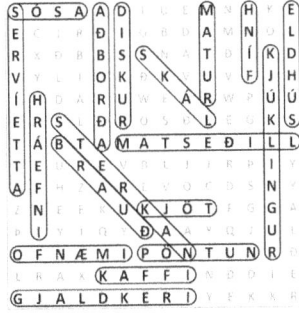

22 - Geologie

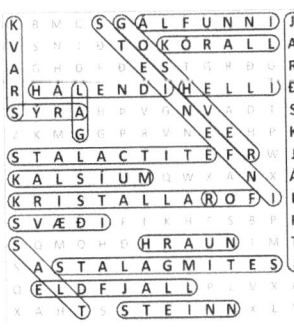

23 - Specerijen

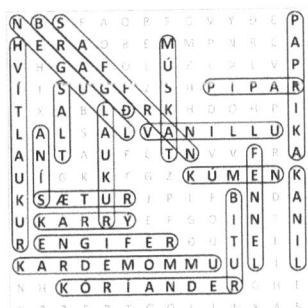

24 - Groenten

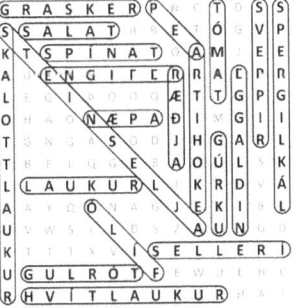

25 - Dans

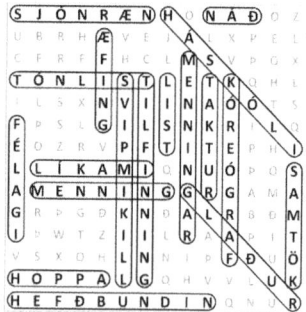

26 - Sport

27 - Mythologie

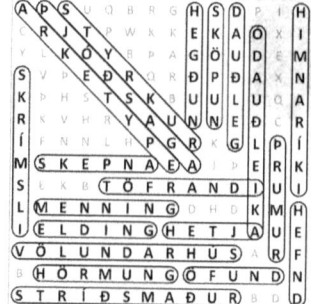

28 - Vakantie #1

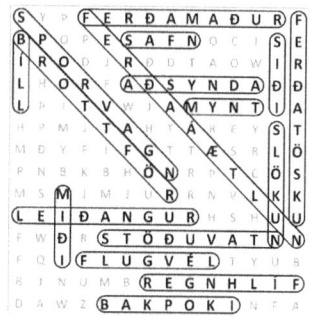

29 - Eten #1

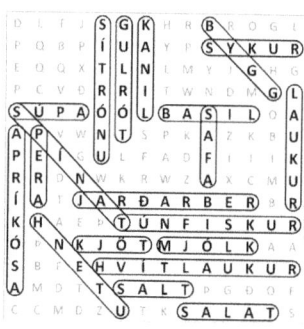

30 - Avontuur

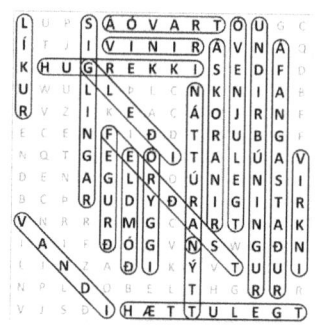

31 - Circus

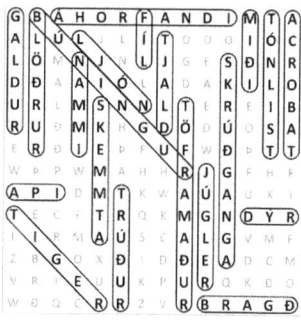

32 - Restaurant #2

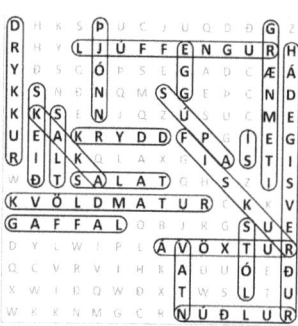

33 - Bijen

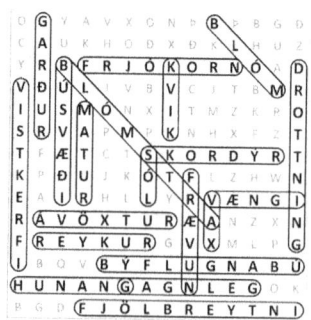

34 - School #1

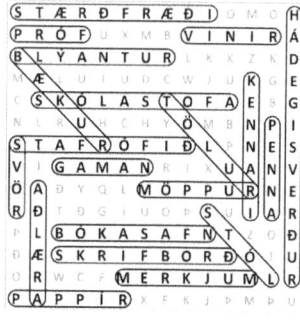

35 - Wandelen

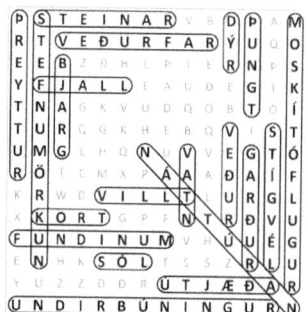

36 - Ecologie

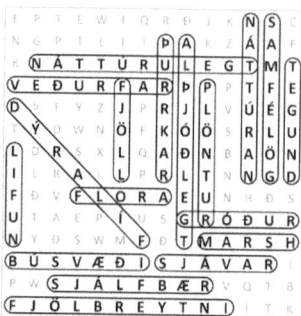

37 - Installaties

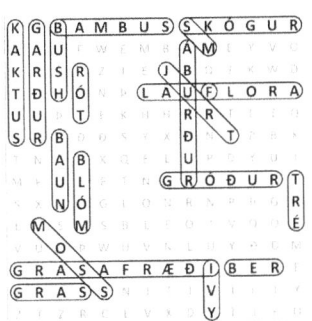

38 - School #2

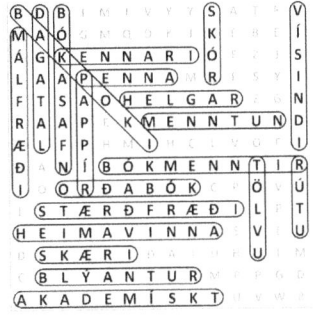

39 - Oceaan

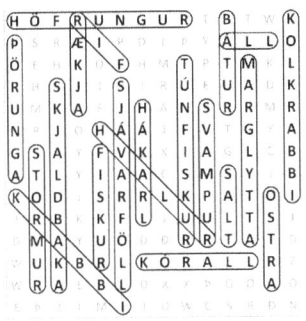

40 - Landen #2

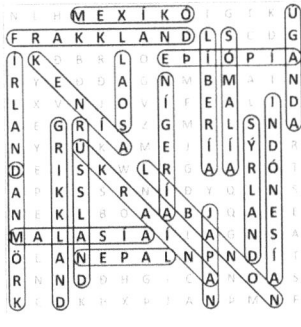

41 - Bloemen

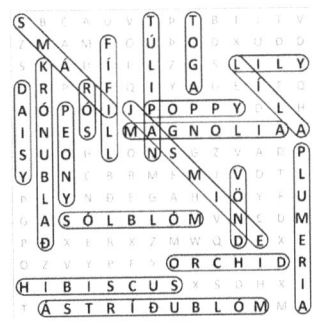

42 - Huisdieren

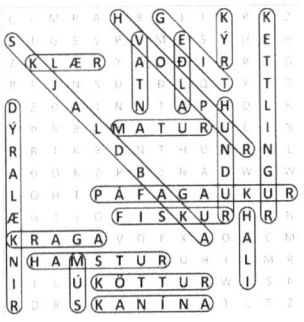

43 - Landschappen

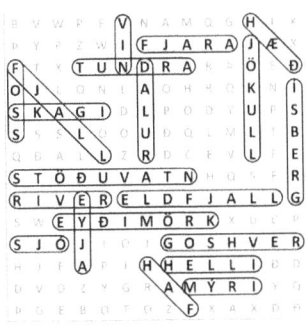

44 - Tuin

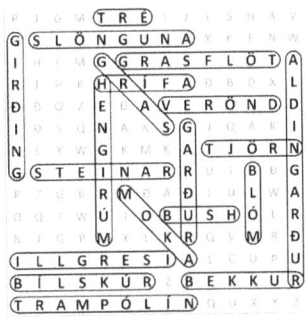

45 - Katten

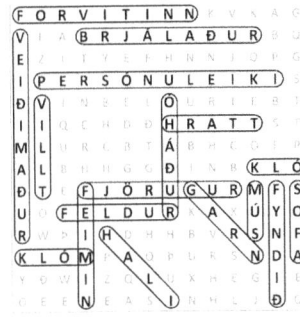

46 - Beroepen #2

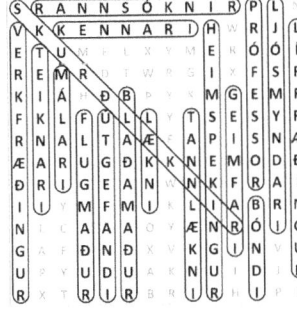

47 - Komedie

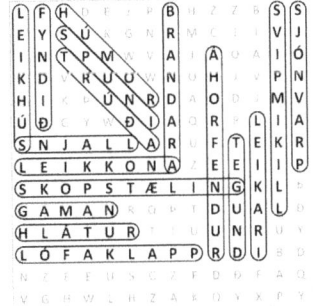

48 - Dagen en Maanden

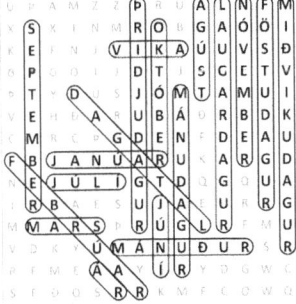

49 - Beeldende Kunsten

50 - Menselijk Lichaam

51 - Familie

52 - Gebouwen

53 - Kunst

54 - Beroepen #1

55 - Kastelen

56 - Insecten

57 - Antarctica

58 - Ballet

59 - Vissen

60 - Fruit

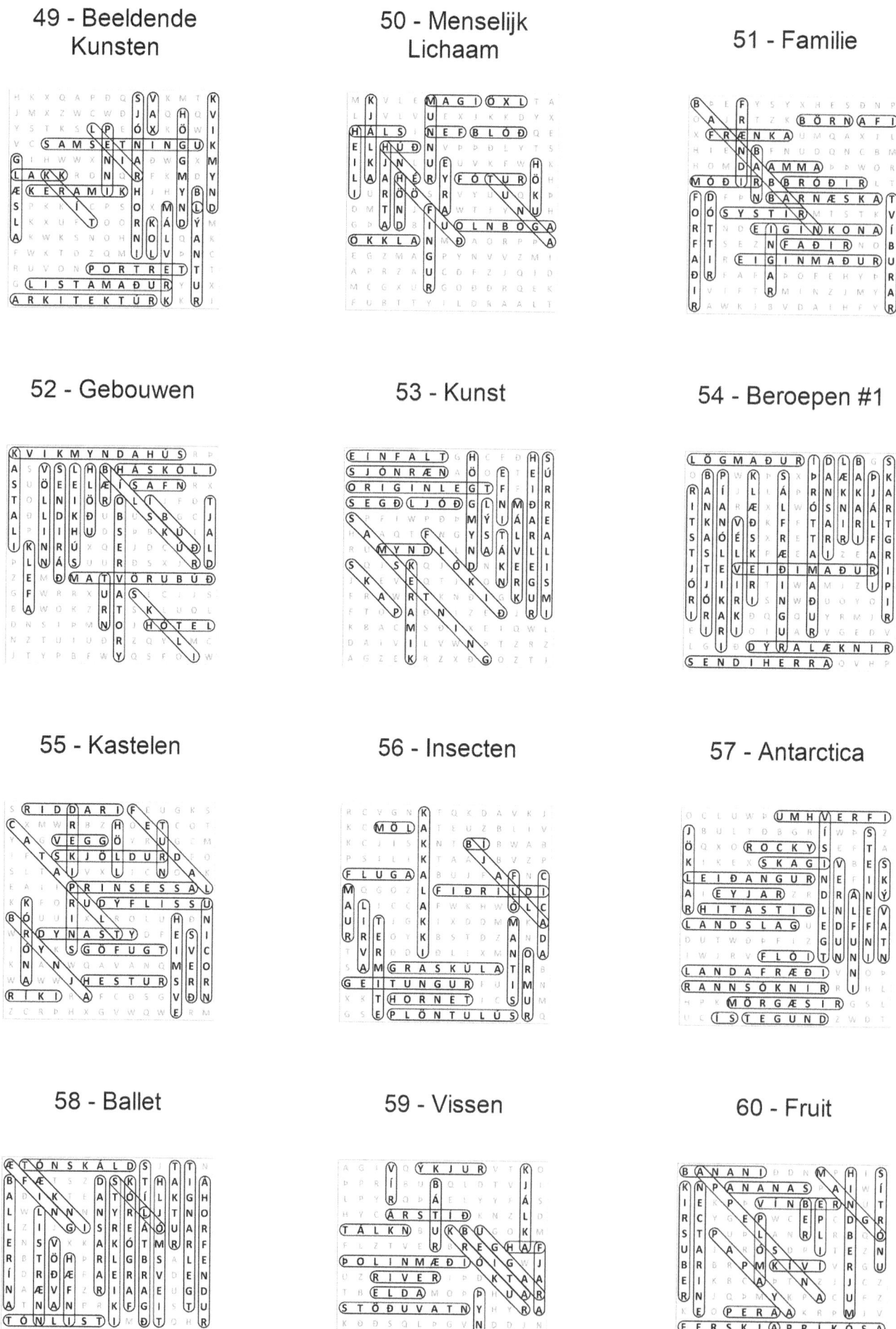

61 - Literatuur

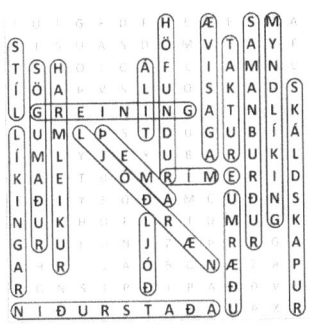

62 - Technologie

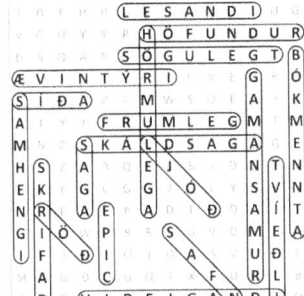

63 - Boeken

64 - Meer Informatie

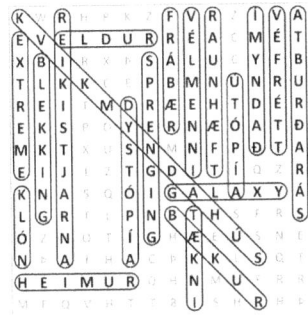

65 - Regenwoud

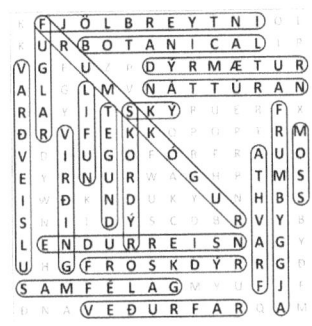

66 - Haartypes

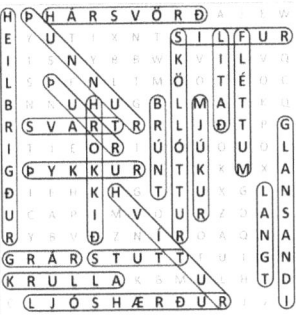

67 - Stad

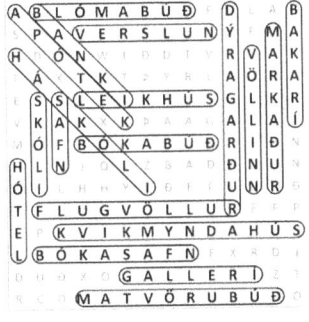

68 - Natuur

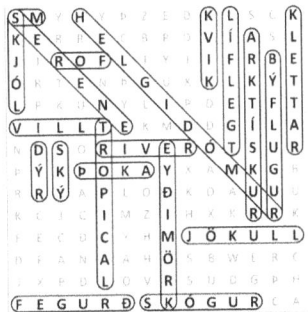

69 - Dinosaurussen

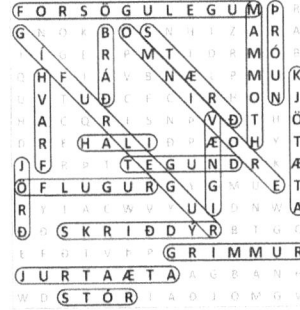

70 - Zoogdieren

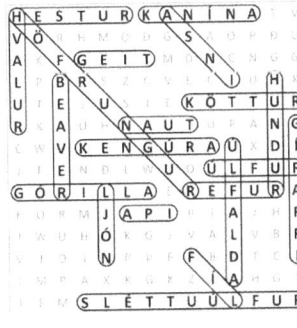

71 - 1 Jaar Geleden

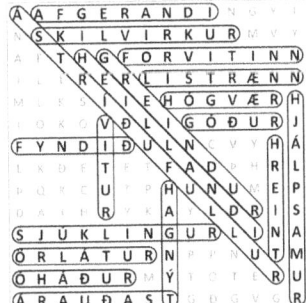

72 - Exploratie

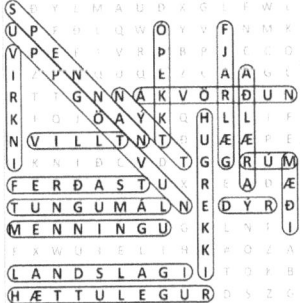

73 - Voertuigen

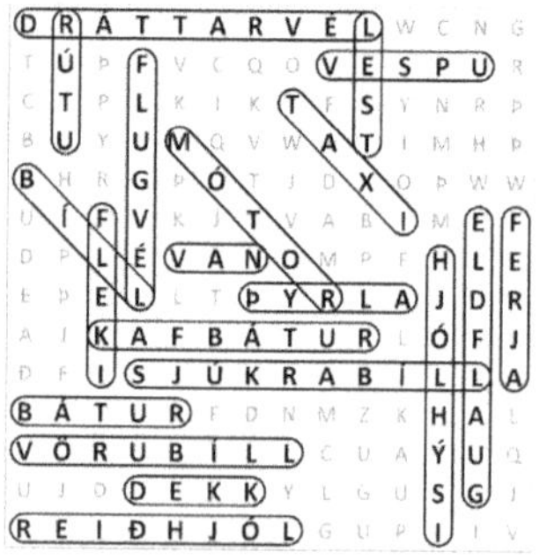

74 - Geografie

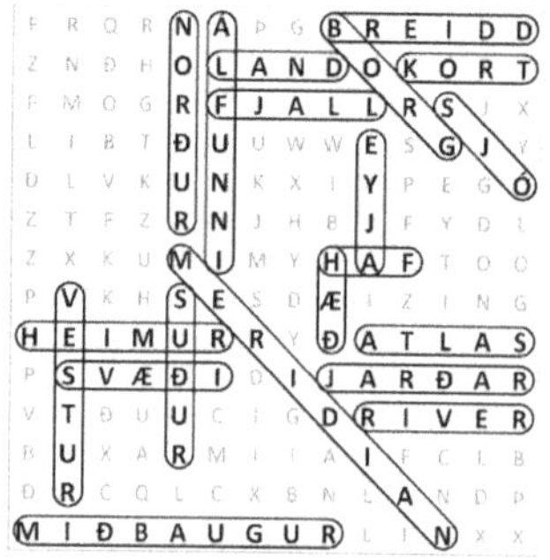

75 - Kunstbenodigdhe

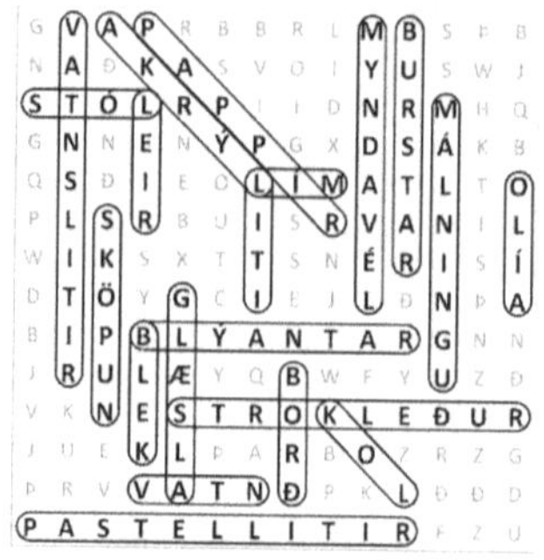

76 - Barbecues

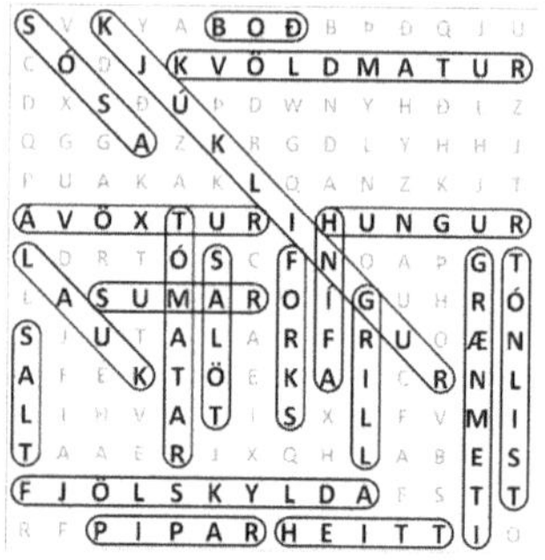

77 - Wetenschappelijk

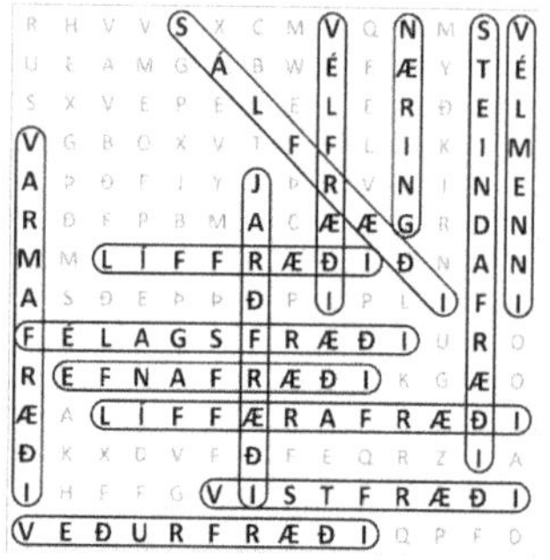

78 - Bijvoeglijke Naamwoorden

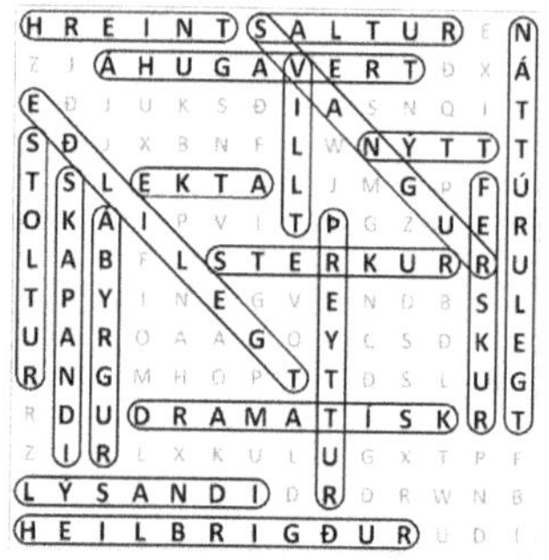

79 - Kleding

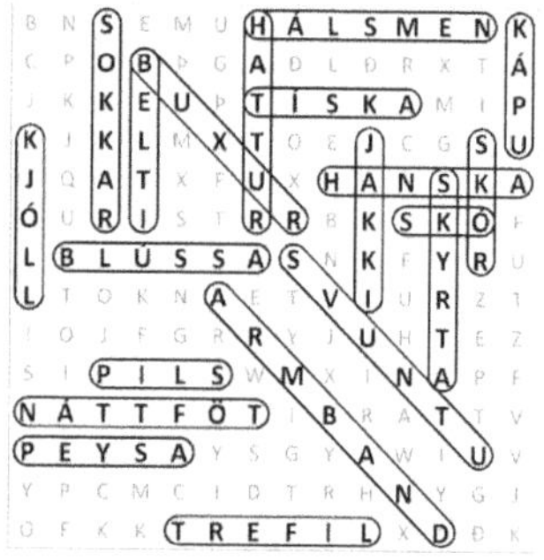

80 - Vliegtuigen

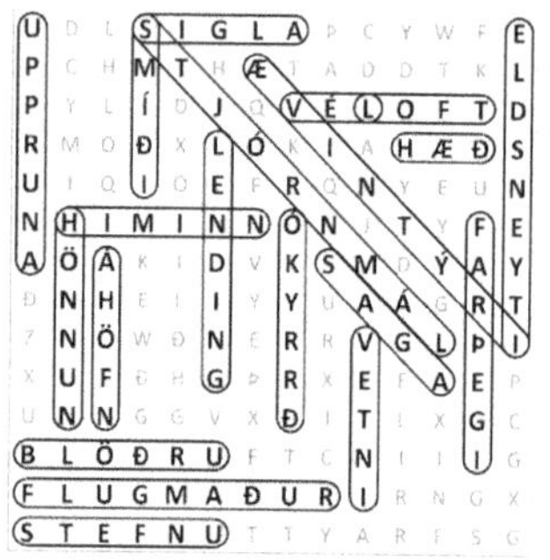

81 - Herbalisme

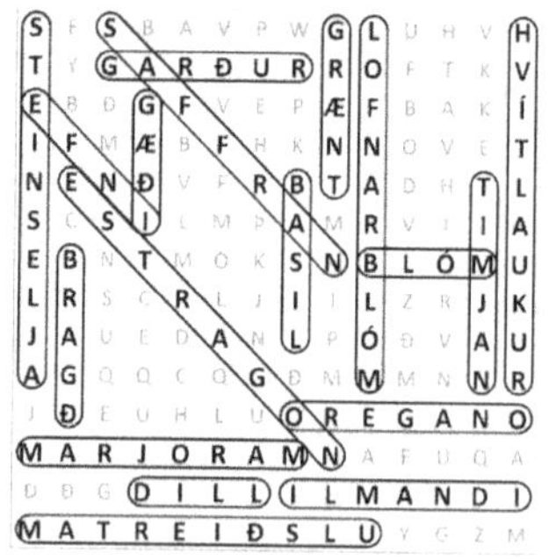

82 - Meubels

83 - Piraten

84 - Surfen

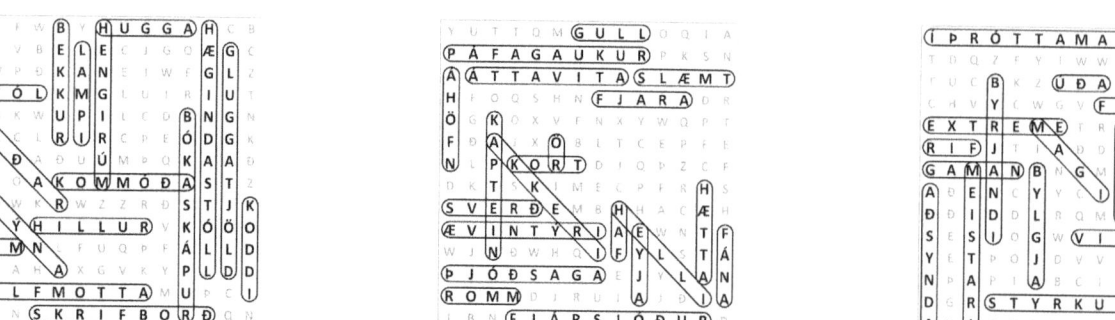

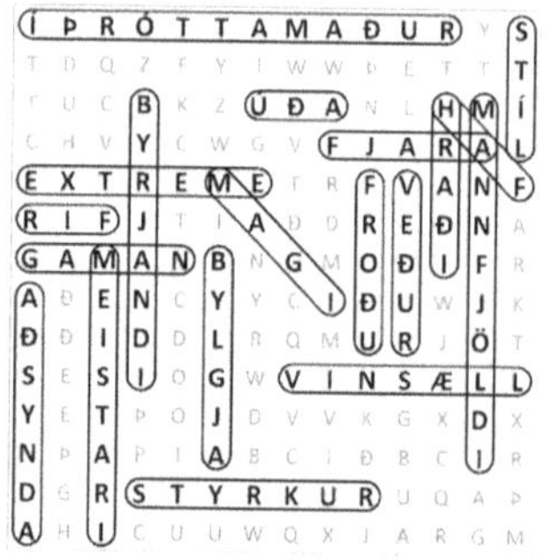

85 - Rijden

86 - Wetenschap

87 - Hulpmiddelen

88 - Speelgoed

89 - Muziekinstrument

90 - Activiteiten en Vrije Ti

91 - Water

92 - Schaken

93 - Boerderij #1

94 - Huis

95 - Kleuren

96 - Verjaardag

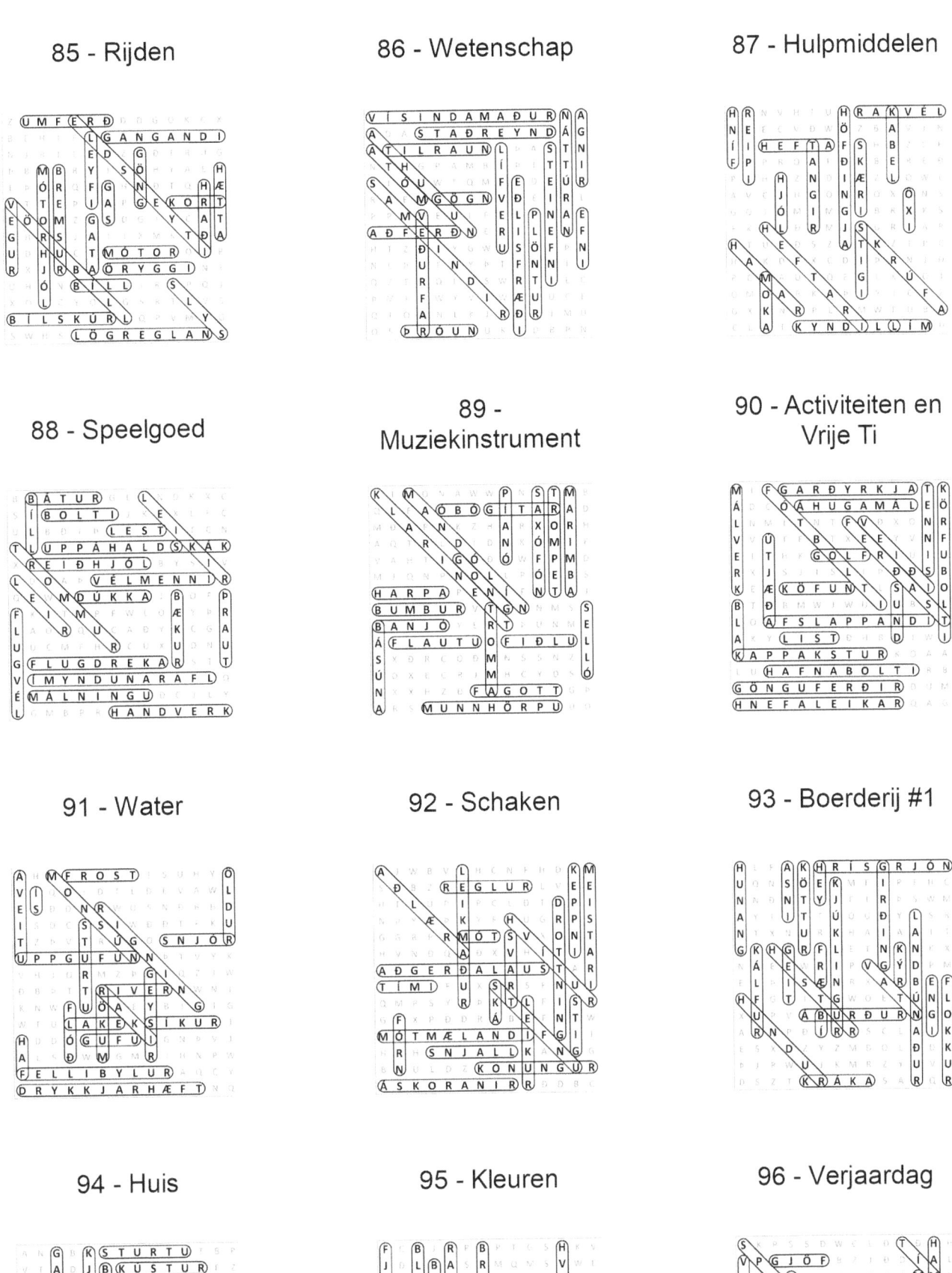

97 - Getallen

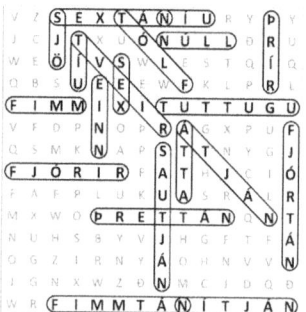

98 - Boerderij #2

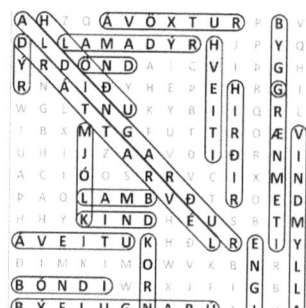

99 - Voeding

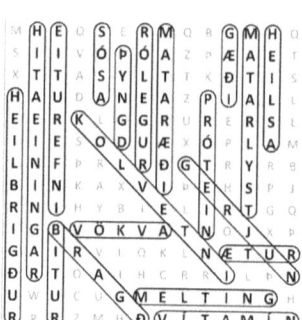

Woordenboek

1 Jaar Geleden
Dyggðir #1

Artistiek	Listrænn
Behulpzaam	Hjálpsamur
Bescheiden	Hógvær
Beslissend	Afgerandi
Betrouwbaar	Árauðast
Charmant	Heillandi
Efficiënt	Skilvirkur
Gepassioneerd	Ástríðufullur
Goed	Góður
Grappig	Fyndið
Gul	Örlátur
Intelligent	Greindur
Nieuwsgierig	Forvitinn
Onafhankelijk	Óháður
Patiënt	Sjúklingur
Praktisch	Hagnýt
Schoon	Hreint
Wijs	Vitur
Zelfverzekerd	Öruggur

Activiteiten
Starfsemi

Activiteit	Virkni
Ambachten	Handwerk
Dansen	Dansa
Fotografie	Ljósmyndun
Hengelsport	Veiði
Jacht	Veiða
Kamperen	Útjæða
Keramiek	Keramik
Kunst	List
Lezen	Lestur
Magie	Galdur
Naaien	Sauma
Ontspanning	Slökun
Plezier	Ánægja
Puzzels	Þrautir
Schilderij	Málverk
Tuinieren	Garðyrkja
Vaardigheid	Hæfni
Vrije Tijd	Tímist
Wandelen	Gönguferðir

Activiteiten en Vrije Ti
Starfsemi og Tómstundir

Basketbal	Körfubolti
Boksen	Hnefaleikar
Duiken	Köfun
Golf	Golf
Hengelsport	Veiði
Hobby	Áhugamál
Honkbal	Hafnabolti
Kamperen	Útjæða
Kunst	List
Ontspannen	Afslappandi
Racen	Kappakstur
Reis	Ferðast
Schilderij	Málverk
Tennis	Tennis
Tuinieren	Garðyrkja
Voetbal	Fótbolti
Volleybal	Blak
Wandelen	Gönguferðir
Zwemmen	Sund

Antarctica
Suðurskautslandið

Baai	Flói
Behoud	Verndun
Continent	Álfunni
Eilanden	Eyjar
Expeditie	Leiðangur
Geografie	Landafræði
Gletsjers	Jöklar
Ijs	Ís
Mineralen	Steinefni
Omgeving	Umhverfi
Onderzoeker	Rannsóknir
Pinguïn	Mörgæsir
Rotsachtig	Rocky
Schiereiland	Skagi
Soort	Tegund
Temperatuur	Hitastig
Topografie	Landslag
Water	Vatn
Wetenschappelijk	Vísindlegt
Wolken	Ský

Astronomie
Stjörnufræði

Aarde	Jörð
Asteroïde	Smástirni
Astronaut	Geimfari
Dierenriem	Dýrir
Equinox	Equinox
Komeet	Halastjarna
Kosmos	Cosmos
Maan	Tungl
Meteoor	Loftstein
Nevel	Þokka
Observatorium	Observatory
Planeet	Reikistjarna
Raket	Eldflaug
Satelliet	Gervitungl
Ster	Stjarna
Sterrenbeeld	Stjörnumerki
Straling	Geislun
Telescoop	Sjónauki
Universum	Alheimur
Zwaartekracht	Þyngdarafl

Avontuur
Ævintýri

Activiteit	Virkni
Bestemming	Áfangastaður
Enthousiasme	Eldmóð
Excursie	Skoðunarferð
Gevaarlijk	Hættulegt
Kans	Líkur
Moed	Hugrekki
Moeilijkheid	Vandi
Natuur	Náttúran
Navigatie	Siglingar
Nieuw	Nýtt
Ongewoon	Óvenjulegt
Reizen	Ferðast
Schoonheid	Fegurð
Uitdagingen	Áskoranir
Veiligheid	Öryggi
Verrassend	Á Óvart
Voorbereiding	Undirbúningur
Vreugde	Gleði
Vrienden	Vinir

Ballet
Ballett

Applaus	Lófaklapp
Artistiek	Listrænn
Ballerina	Ballerína
Choreografie	Kóreógraf
Componist	Tónskáld
Dansers	Dansarar
Expressief	Svipmikill
Gebaar	Látbragð
Intensiteit	Styrkleiki
Muziek	Tónlist
Orkest	Hljómsveit
Publiek	Áhorfendur
Repetitie	Æfing
Ritme	Taktur
Sierlijk	Tignarlegt
Solo	Sóló
Spieren	Vöðva
Stijl	Stíl
Techniek	Tækni
Vaardigheid	Hæfni

Barbecues
Grillveislur

Diner	Kvöldmatur
Familie	Fjölskylda
Fruit	Ávöxtur
Grill	Grill
Groente	Grænmeti
Heet	Heitt
Honger	Hungur
Kip	Kjúklingur
Lunch	Hádegisverður
Messen	Hnífa
Muziek	Tónlist
Peper	Pipar
Salades	Salöt
Saus	Sósa
Tomaten	Tómatar
Uien	Lauk
Uitnodiging	Boð
Vorken	Forks
Zomer	Sumar
Zout	Salt

Beeldende Kunsten
Myndlist

Architectuur	Arkitektúr
Artiest	Listamaður
Beeldhouwwerk	Höggmynd
Creativiteit	Skráningu
Ezel	Glæsla
Film	Kvikmynd
Houtskool	Kol
Keramiek	Keramik
Klei	Leir
Krijt	Krít
Meesterwerk	Meistaraverk
Pen	Penni
Perspectief	Sjónarhorni
Portret	Portret
Potlood	Blýantur
Samenstelling	Samsetningu
Schilderij	Málverk
Stencil	L
Vernis	Lakk
Was	Vax

Behoud
Náttúruvernd

Chemicaliën	Efni
Duurzaam	Sjálfbær
Ecosysteem	Vistkerfi
Fiets	Hringrás
Gezondheid	Heilsa
Groen	Grænt
Habitat	Búsvæði
Klimaat	Veðurfar
Milieu	Umhverfis
Natuurlijk	Náttúrulegt
Onderwijs	Menntun
Organisch	Lífrænt
Pesticide	Varneiri
Recycleren	Endurvinna
Veranderingen	Breytingar
Verminderen	Minnka
Vervuiling	Mengun
Vrijwilliger	Sjálfboðaliði
Water	Vatn

Beroepen #1
Störfum #1

Accountant	Endurskoðandi
Advocaat	Lögmaður
Ambassadeur	Sendiherra
Artiest	Listamaður
Atleet	Íþróttamaður
Bakker	Bakari
Bankier	Bankastjóri
Danser	Dansari
Dierenarts	Dýralæknir
Dokter	Læknir
Editor	Ritstjóri
Geoloog	Jarðfræðingur
Jager	Veiðimaður
Juwelier	Skartgripir
Kleermaker	Klæðskeri
Monteur	Vélvirki
Pianist	Píanóleikari
Psycholoog	Sálfræðingur
Trainer	Þjálfari
Wetenschapper	Vísindamaður

Beroepen #2
Störfum #2

Arts	Lækni
Astronaut	Geimfari
Bioloog	Líffræðingur
Boer	Bóndi
Chirurg	Skurðlæknir
Detective	Einkaspæjara
Filosoof	Heimspekingur
Fotograaf	Ljósmyndari
Illustrator	Teiknari
Ingenieur	Verkfræðingur
Journalist	Blaðamaður
Leraar	Kennari
Onderzoeker	Rannsóknir
Piloot	Flugmaður
Professor	Prófessor
Schilder	Málari
Tandarts	Tannlækni
Uitgever	Útgefandi
Zoöloog	Dýrafræðingur

Bijen
Býflugur

Bestuiver	Frævun
Bijenkorf	Býflugnabú
Bloemen	Blóm
Bloesem	Blómstra
Diversiteit	Fjölbreytni
Ecosysteem	Vistkerfi
Fruit	Ávöxtur
Habitat	Búsvæði
Honing	Hunang
Insect	Skordýr
Koningin	Drottning
Rook	Reykur
Stuifmeel	Frjókorn
Tuin	Garður
Vleugels	Vængi
Voedsel	Matur
Voordelig	Gagnleg
Was	Vax
Zon	Sól
Zwerm	Kvik

Bijvoeglijke Naamwoorden
Lýsingarorð #1

Aantrekkelijk	Aðlaðandi
Actief	Virkur
Ambitieus	Metnaðarlegt
Aromatisch	Ilmandi
Artistiek	Listrænn
Belangrijk	Mikilvægt
Diep	Dýpt
Donker	Myrkur
Dun	Þunnur
Eerlijk	Heiðarlegur
Exotisch	Framandi
Identiek	Sömu
Jong	Ungur
Lang	Langt
Langzaam	Hægt
Modern	Nútíma
Onschuldig	Saklaus
Perfect	Fullkominn
Waardevol	Dýrmætur
Zwaar	Þungt

Bijvoeglijke Naamwoorden
Lýsingarorð #2

Authentiek	Ekta
Beschrijvend	Lýsandi
Creatief	Skapandi
Dramatisch	Dramatísk
Gezond	Heilbrigður
Hongerig	Svangur
Interessant	Áhugavert
Moe	Þreyttur
Natuurlijk	Náttúrulegt
Nieuw	Nýtt
Normaal	Eðlilegt
Productief	Afkastamikill
Slaperig	Syfjaður
Sterk	Sterkur
Trots	Stoltur
Verantwoordelijk	Ábyrgur
Vers	Ferskur
Wild	Villt
Zout	Saltur
Zuiver	Hreint

Bloemen
Blóm

Bloemblad	Krónublað
Boeket	Vönd
Gardenia	Toga
Hibiscus	Hibiscus
Jasmijn	Jasmine
Klaver	Smári
Lavendel	Lofnarblóm
Lelie	Lily
Lila	Líla
Madeliefje	Daisy
Magnolia	Magnolia
Orchidee	Orchid
Paardebloem	Fífill
Papaver	Poppy
Passiebloem	Ástríðublóm
Pioenroos	Peony
Plumeria	Plumeria
Roos	Rós
Tulp	Túlipan
Zonnebloem	Sólblóm

Boeken
Bækur

Auteur	Höfundur
Avontuur	Ævintýri
Bladzijde	Síða
Collectie	Safn
Context	Samhengi
Dualiteit	Tvíeðli
Episch	Epic
Gedicht	Ljóð
Geschreven	Skrifað
Historisch	Sögulegt
Humoristisch	Gamansamur
Inventief	Frumleg
Lezer	Lesandi
Literair	Bókmennta
Relevant	Viðeigandi
Roman	Skáldsaga
Serie	Röð
Tragisch	Hörmulega
Verhaal	Saga
Verteller	Sögumaður

Boerderij #1
Bær #1

Bij	Bí
Ezel	Asni
Geit	Geit
Hek	Girðing
Hond	Hundur
Honing	Hunang
Hooi	Hey
Kalf	Kálfur
Kat	Köttur
Kip	Kjúklingur
Koe	Kýr
Kraai	Kráka
Kudde	Flokkur
Landbouw	Landbúnaður
Mest	Áburður
Paard	Hestur
Rijst	Hrísgrjón
Veld	Engi
Water	Vatn
Zaden	Fræ

Boerderij #2
Bær #2

Bijenkorf	Býflugnabú
Boer	Bóndi
Boomgaard	Aldingarður
Dieren	Dýr
Eend	Önd
Fruit	Ávöxtur
Gerst	Bygg
Groente	Grænmeti
Herder	Hirðir
Irrigatie	Áveitu
Lam	Lamb
Lama	Lamadýr
Maïs	Korn
Melk	Mjólk
Schaap	Kind
Schuur	Hlöðu
Tarwe	Hveiti
Tractor	Dráttarvél
Weide	Engi
Windmolen	Vindmylla

Boten
Bátar

Anker	Akkeri
Bemanning	Áhöfn
Boei	Bau
Dok	Bryggju
Golven	Öldur
Jacht	Snekkju
Kajak	Kajak
Kano	Kanó
Mast	Mastur
Matroos	Sjómaður
Meer	Stöðuvatn
Motor	Vél
Nautisch	Sjómanna
Oceaan	Haf
Rivier	River
Touw	Reipi
Veerboot	Ferja
Vlot	Fleki
Zee	Sjó
Zeilboot	Seglbátur

Camping
Tjaldstæði

Avontuur	Ævintýri
Berg	Fjall
Bomen	Tré
Bos	Skógur
Brand	Eldur
Cabine	Klefa
Dieren	Dýr
Hangmat	Hengirúm
Hoed	Hattur
Insect	Skordýr
Jacht	Veiða
Kaart	Kort
Kano	Kanó
Kompas	Áttavita
Lantaarn	Lukt
Maan	Tungl
Meer	Stöðuvatn
Natuur	Náttúran
Tent	Tjald
Touw	Reipi

Chocolade
Súkkulaði

Antioxidant	Andoxunarefni
Aroma	Ilmur
Bitter	Bitur
Cacao	Kakó
Calorieën	Hitaeiningar
Exotisch	Framandi
Favoriet	Uppáhalds
Heerlijk	Ljúffengur
Ingrediënt	Efni
Karamel	Karamella
Kokosnoot	Kókoshneta
Kwaliteit	Gæði
Pinda'S	Hnetum
Poeder	Duft
Recept	Uppskrift
Smaak	Bragð
Snoep	Nammi
Suiker	Sykur
Verlangen	Þrá
Zoet	Sætur

Circus
Sirkus

Aap	Api
Acrobaat	Acrobat
Ballonnen	Blöðrur
Clown	Trúður
Dieren	Dýr
Goochelaar	Töframaður
Jongleur	Júgler
Kaartje	Miði
Kostuum	Búningur
Leeuw	Ljón
Magie	Galdur
Muziek	Tónlist
Olifant	Fíl
Parade	Skrúðganga
Snoep	Nammi
Tent	Tjald
Tijger	Tiger
Toeschouwer	Áhorfandi
Truc	Bragð
Vermaken	Skemmta

Dagen en Maanden
Dagar og Mánuðir

Augustus	Ágúst
Dinsdag	Þriðjudagur
Donderdag	Fimmtudagur
Februari	Febrúar
Jaar	Ár
Januari	Janúar
Juli	Júlí
Juni	Júní
Kalender	Dagatal
Maand	Mánuður
Maandag	Mánudagur
Maart	Mars
November	Nóvember
Oktober	Október
September	September
Vrijdag	Föstudagur
Week	Vika
Woensdag	Miðvikudagur
Zaterdag	Laugardagur
Zondag	Sunnudagur

Dans
Dansa

Academie	Háskóli
Beweging	Samtök
Blij	Glaður
Choreografie	Kóreógraf
Cultureel	Menningar
Cultuur	Menning
Emotie	Tilfinning
Expressief	Svipmikill
Genade	Náð
Klassiek	Klassíska
Kunst	List
Lichaam	Líkami
Muziek	Tónlist
Partner	Félagi
Repetitie	Æfing
Ritme	Taktur
Springen	Hoppa
Traditioneel	Hefðbundin
Visueel	Sjónræn

Dinosaurussen
Risaeðlur

Aarde	Jörð
Carnivoor	Kjötæta
Enorm	Gífurlegur
Evolutie	Þróun
Groot	Stór
Grootte	Stærð
Herbivoor	Jurtaæta
Krachtig	Öflugur
Mammoet	Mammoth
Omnivoor	Omnivore
Prehistorisch	Forsögulegum
Prooi	Bráð
Reptiel	Skriðdýr
Soort	Tegund
Staart	Hali
Verdwijning	Hvarf
Vicieuze	Grimmur
Vleugels	Vængi

Ecologie
Vistfræði

Bergen	Fjöll
Diversiteit	Fjölbreytni
Droogte	Þurrkar
Duurzaam	Sjálfbær
Fauna	Dýralíf
Flora	Flora
Gemeenschappen	Samfélög
Globaal	Alþjóðlegt
Habitat	Búsvæði
Klimaat	Veðurfar
Marinier	Sjávar
Moeras	Marsh
Natuur	Náttúran
Natuurlijk	Náttúrulegt
Overleving	Lifun
Planten	Plöntur
Soort	Tegund
Vegetatie	Gróður

Emoties
Tilfinningar

Angst	Ótti
Beschaamd	Vandræðalegur
Dankbaar	Þakklátur
Droefheid	Sorg
Gelukzaligheid	Sæla
Inhoud	Efni
Kalm	Logn
Liefde	Ást
Ontspannen	Afslappaður
Opgewonden	Spennt
Opluchting	Léttir
Rust	Ró
Sympathie	Samúð
Tederheid	Eymsli
Tevreden	Fullnægt
Verveling	Leiðindi
Vrede	Friður
Vreugde	Gleði
Vriendelijkheid	Góðvild
Woede	Reiði

Eten #1
Matur #1

Aardbei	Jarðarber
Abrikoos	Apríkósa
Basilicum	Basil
Citroen	Sítrónu
Gerst	Bygg
Kaneel	Kanil
Knoflook	Hvítlaukur
Melk	Mjólk
Peer	Pera
Pinda	Hnetu
Salade	Salat
Sap	Safa
Soep	Súpa
Spinazie	Spínat
Suiker	Sykur
Tonijn	Túnfiskur
Ui	Laukur
Vlees	Kjöt
Wortel	Gulrót
Zout	Salt

Eten #2
Matur #2

Amandel	Mönlu
Ananas	Ananas
Appel	Epli
Asperge	Aspas
Aubergine	Eggaldin
Banaan	Banani
Broccoli	Spergilkál
Brood	Brauð
Druif	Vínber
Ei	Egg
Ham	Skinka
Kaas	Ostur
Kip	Kjúklingur
Kiwi	Kíví
Perzik	Ferskja
Rijst	Hrísgrjón
Tarwe	Hveiti
Tomaat	Tómat
Vis	Fiskur
Yoghurt	Jógúrt

Exploratie
Könnun

Activiteit	Virkni
Bepaling	Ákvörðun
Culturen	Menningu
Dieren	Dýr
Gevaarlijk	Hættulegur
Leren	Að Læra
Moed	Hugrekki
Nieuw	Nýtt
Onbekend	Óþekkt
Ontdekking	Uppgötvun
Opwinding	Spennan
Reis	Ferðast
Ruimte	Rúm
Taal	Tungumál
Terrein	Landslagi
Uitputting	Mæði
Ver	Fjarlæg
Wild	Villt

Familie
Fjölskylda

Broer	Bróðir
Dochter	Dóttir
Grootmoeder	Amma
Jeugd	Barnæska
Kind	Barn
Kinderen	Börn
Kleinkind	Barnabarn
Man	Eiginmaður
Moeder	Móðir
Neef	Frændi
Oom	Frændi
Opa	Afi
Tante	Frænka
Tweeling	Tvíburar
Vader	Faðir
Vaderlijk	Ingar
Voorouder	Forfaðir
Vrouw	Eiginkona
Zus	Systir

Fruit
Ávextir

Abrikoos	Apríkósa
Ananas	Ananas
Appel	Epli
Avocado	Avókadó
Banaan	Banani
Bes	Ber
Citroen	Sítrónu
Druif	Vínber
Framboos	Hindberjum
Kers	Kirsuber
Kiwi	Kíví
Kokosnoot	Kókoshneta
Mango	Mangó
Meloen	Melóna
Nectarine	Nectarine
Oranje	Appelsína
Papaja	Papaya
Peer	Pera
Perzik	Ferskja
Pruim	Plóma

Gebouwen
Byggingar

Ambassade	Sendiráð
Appartement	Íbúð
Bioscoop	Kvikmyndahús
Boerderij	Bær
Cabine	Klefa
Fabriek	Verksmiðju
Garage	Bílskúr
Hotel	Hótel
Kasteel	Kastali
Museum	Safn
Observatorium	Observatory
School	Skóli
Schuur	Hlöðu
Stadion	Völlinn
Supermarkt	Matvörubúð
Tent	Tjald
Theater	Leikhús
Toren	Turn
Universiteit	Háskóli
Ziekenhuis	Sjúkrahús

Geografie
Landafræði

Atlas	Atlas
Berg	Fjall
Breedtegraad	Breidd
Continent	Álfunni
Eiland	Eyja
Evenaar	Miðbaugur
Halfrond	Jarðar
Hoogte	Hæð
Kaart	Kort
Land	Land
Meridiaan	Meridian
Noorden	Norður
Oceaan	Haf
Regio	Svæði
Rivier	River
Stad	Borg
Wereld	Heimur
Westen	Vestur
Zee	Sjó
Zuiden	Suður

Geologie
Jarðfræði

Aardbeving	Jarðskjálfti
Calcium	Kalsíum
Continent	Álfunni
Erosie	Rof
Geiser	Goshver
Grot	Helli
Koraal	Kórall
Kristallen	Kristallar
Kwarts	Kvars
Laag	Lag
Lava	Hraun
Mineralen	Steinefni
Plateau	Hálendi
Stalactiet	Stalactite
Stalagmieten	Stalagmites
Steen	Steinn
Vulkaan	Eldfjall
Zone	Svæði
Zout	Salt
Zuur	Sýra

Getallen
Tölur

Acht	Átta
Achttien	Átján
Dertien	Þrettán
Drie	Þrír
Een	Einn
Negen	Níu
Negentien	Nítján
Nul	Núll
Tien	Tíu
Twaalf	Tólf
Twee	Tveir
Twintig	Tuttugu
Veertien	Fjórtán
Vier	Fjórir
Vijf	Fimm
Vijftien	Fimmtán
Zes	Sex
Zestien	Sextán
Zeven	Sjö
Zeventien	Sautján

Groenten
Grænmeti

Artisjok	Artihoke
Aubergine	Eggaldin
Broccoli	Spergilkál
Erwt	Pea
Gember	Engifer
Knoflook	Hvítlaukur
Komkommer	Gúrku
Olijf	Ólíf
Paddestoel	Sveppir
Peterselie	Steinselja
Pompoen	Grasker
Raap	Næpa
Radijs	Ræðja
Salade	Salat
Selderij	Sellerí
Sjalot	Skalottlaukur
Spinazie	Spínat
Tomaat	Tómat
Ui	Laukur
Wortel	Gulrót

Haartypes
Hárið Tegundir

Blond	Ljóshærður
Bruin	Brúnt
Dik	Þykkur
Droog	Þurr
Dun	Þunnur
Gekleurd	Litað
Gevlochten	Fléttum
Gezond	Heilbrigður
Glimmend	Glansandi
Grijs	Grár
Hoofdhuid	Hársvörð
Kaal	Sköllóttur
Kort	Stutt
Krullen	Krulla
Krullend	Hrokkið
Lang	Langt
Wit	Hvítur
Zacht	Mjúkur
Zilver	Silfur
Zwart	Svart

Herbalisme
Grasalækningar

Aromatisch	Ilmandi
Basilicum	Basil
Bloem	Blóm
Culinair	Matreiðslu
Dille	Dill
Dragon	Estragon
Groen	Grænt
Ingrediënt	Efni
Knoflook	Hvítlaukur
Kwaliteit	Gæði
Lavendel	Lofnarblóm
Marjolein	Marjoram
Oregano	Oregano
Peterselie	Steinselja
Rozemarijn	Rósmarín
Saffraan	Saffran
Smaak	Bragð
Tijm	Timjan
Tuin	Garður
Venkel	Fennel

Huis
Húsið

Bezem	Kústur
Bibliotheek	Bókasafn
Dak	Þak
Deur	Hurð
Douche	Sturtu
Garage	Bílskúr
Haard	Arinn
Hek	Girðing
Kamer	Herbergi
Kelder	Kjallari
Keuken	Eldhús
Lamp	Lampi
Meubilair	Húsgögn
Muur	Vegg
Plafond	Loft
Schoorsteen	Strompinn
Slaapkamer	Svefnherbergi
Spiegel	Spegill
Tapijt	Gólfmotta
Tuin	Garður

Huisdieren
Gæludýr

Dierenarts	Dýralæknir
Geit	Geit
Hagedis	Eðla
Hamster	Hamstur
Hond	Hundur
Kat	Köttur
Katje	Kettlingur
Klauwen	Klær
Koe	Kýr
Konijn	Kanína
Kraag	Kraga
Muis	Mús
Papegaai	Páfagaukur
Puppy	Hvolpur
Schildpad	Skjaldbaka
Staart	Hali
Vis	Fiskur
Voedsel	Matur
Water	Vatn

Hulpmiddelen
Verkfæri

Bijl	Öxi
Fakkel	Kyndill
Hamer	Hamar
Heerser	Höfðingja
Kabel	Kabel
Ladder	Stigi
Lijm	Lím
Mes	Hníf
Nietje	Hefta
Nietmachine	Heftari
Schaar	Skæri
Scheermes	Rakvél
Schop	Moka
Schroef	Skrúfa
Tang	Tangir
Touw	Reipi
Wiel	Hjól

Insecten
Skordýr

Bidsprinkhaan	Mantis
Bij	Bí
Bladluis	Plöntulús
Cicade	Cicada
Horzel	Hornet
Kakkerlak	Kakkalakki
Kever	Bjalla
Larve	Lirva
Libel	Dragonfly
Mier	Maur
Mot	Möl
Mug	Fluga
Sprinkhaan	Graskúla
Termiet	Termite
Vlinder	Fiðrildi
Vlo	Fló
Wesp	Geitungur
Worm	Ormur

Installaties
Plöntur

Bamboe	Bambus
Bes	Ber
Blad	Lauf
Bloem	Blóm
Boom	Tré
Boon	Baun
Bos	Skógur
Cactus	Kaktus
Flora	Flora
Gebladerte	Sm
Gras	Gras
Klimop	Ivy
Kruid	Jurt
Mest	Áburður
Mos	Moss
Plantkunde	Grasafræði
Struik	Bush
Tuin	Garður
Vegetatie	Gróður
Wortel	Rót

Kastelen
Kastalar

Draak	Dreki
Dynastie	Dynasty
Edele	Göfugt
Eenhoorn	Unicorn
Feodaal	Feudal
Harnas	Brynja
Katapult	Catapult
Kerker	Dýflissu
Koninkrijk	Ríki
Kroon	Kóróna
Muur	Vegg
Paard	Hestur
Paleis	Höll
Prins	Prins
Prinses	Prinsessa
Ridder	Riddari
Rijk	Heimsve
Schild	Skjöldur
Toren	Turn
Zwaard	Sverð

Katten
Kettir

Bont	Feldur
Garen	Garn
Gek	Brjálaður
Grappig	Fyndið
Jager	Veiðimaður
Klauw	Kló
Muis	Mús
Nieuwsgierig	Forvitinn
Onafhankelijk	Óháður
Persoonlijkheid	Persónuleiki
Poot	Klóm
Slaap	Sofa
Snel	Hratt
Speels	Fjörugur
Staart	Hali
Verlegen	Feimin
Wild	Villt

Keuken
Eldhús

Cup	Bolla
Eetstokjes	Pinnar
Grill	Grill
Ketel	Ketill
Koelkast	Ísskápur
Kom	Skál
Kruik	Könnu
Lepels	Skeiðar
Messen	Hnífa
Oven	Ofn
Pollepel	Ausa
Pot	Krukku
Recept	Uppskrift
Schort	Svuntu
Servet	Servíetta
Specerijen	Krydd
Spons	Svampur
Voedsel	Matur
Vorken	Forks
Vriezer	Frysti

Kleding
Fötin

Armband	Armband
Blouse	Blússa
Broek	Buxur
Handschoenen	Hanska
Hoed	Hattur
Jas	Kápu
Jasje	Jakki
Jurk	Kjóll
Ketting	Hálsmen
Mode	Tíska
Pyjama	Náttföt
Riem	Belti
Rok	Pils
Sandalen	Skó
Schoen	Skór
Schort	Svuntu
Shirt	Skyrta
Sjaal	Trefil
Sokken	Sokkar
Trui	Peysa

Kleuren
Litir

Azuur	Aftur
Beige	Beige
Blauw	Blár
Bruin	Brúnt
Cyaan	Blágrænn
Fuchsia	Fuchsia
Geel	Gulur
Grijs	Grár
Groen	Grænt
Indigo	Indigo
Magenta	Magenta
Oranje	Appelsína
Paars	Fjólublár
Rood	Rauður
Roze	Bleikur
Sepia	Sepia
Wit	Hvítur
Zwart	Svart

Klimmen
Klifur

Atmosfeer	Stjórnmál
Deskundige	Sérfræðingur
Fysiek	Líkamlegt
Gidsen	Leiðsögumenn
Grot	Helli
Handschoenen	Hanska
Helm	Hjálmur
Hoogte	Hæð
Kaart	Kort
Kracht	Styrkur
Laarzen	Stígvél
Letsel	Meiðslum
Nieuwsgierigheid	Forvitni
Opleiding	Þjálfun
Smal	Þröngt
Stabiliteit	Stöðugleiki
Terrein	Landslagi
Uitdagingen	Áskoranir
Wandelen	Gönguferðir

Komedie
Gamanleikur

Acteur	Leikari
Actrice	Leikkona
Applaus	Lófaklapp
Clowns	Trúða
Expressief	Svipmikill
Gelach	Hlátur
Genre	Tegund
Grappen	Brandara
Grappig	Fyndið
Humor	Húmor
Improvisatie	Spuni
Parodie	Skopstæling
Plezier	Gaman
Publiek	Áhorfendur
Slim	Snjall
Televisie	Sjónvarp
Theater	Leikhús

Kunst
List

Beeldhouwwerk	Höggmynd
Complex	Flókið
Eenvoudig	Einfalt
Eerlijk	Heiðarlegur
Figuur	Mynd
Geïnspireerd	Innblástur
Humeur	Skap
Keramisch	Keramik
Onderwerp	Efni
Origineel	Originlegt
Persoonlijk	Persónulegt
Poëzie	Ljóð
Portretteren	Lýsa
Samenstelling	Samsetning
Schilderijen	Málverk
Surrealisme	Súrrealismi
Symbool	Tákn
Uitdrukking	Segð
Visueel	Sjónræn

Kunstbenodigdheden
List Vistir

Acryl	Akrýl
Aquarellen	Vatnslitir
Borstels	Burstar
Camera	Myndavél
Creativiteit	Sköpun
Ezel	Glæsla
Gom	Strokleður
Houtskool	Kol
Inkt	Blek
Klei	Leir
Kleuren	Liti
Lijm	Lím
Olie	Olía
Papier	Pappír
Pastel	Pastellitir
Potloden	Blýantar
Stoel	Stól
Tafel	Borð
Verf	Málningu
Water	Vatn

Landen #2
Löndum #2

Denemarken	Danmörk
Ethiopië	Eþíópía
Frankrijk	Frakkland
Griekenland	Grikkland
Ierland	Írland
Indonesië	Indónesía
Japan	Japan
Kenia	Kenía
Laos	Laos
Libanon	Líbanon
Liberia	Líbería
Maleisië	Malasía
Mexico	Mexíkó
Nepal	Nepal
Nigeria	Nígería
Oeganda	Úganda
Oekraïne	Úkraína
Rusland	Rússland
Somalië	Sómalía
Syrië	Sýrland

Landschappen
Landslag

Berg	Fjall
Eiland	Eyja
Geiser	Goshver
Gletsjer	Jökull
Grot	Helli
Heuvel	Hæð
Ijsberg	Ísberg
Meer	Stöðuvatn
Moeras	Mýri
Oase	Vin
Oceaan	Haf
Rivier	River
Schiereiland	Skagi
Strand	Fjara
Toendra	Tundra
Vallei	Dalur
Vulkaan	Eldfjall
Waterval	Foss
Woestijn	Eyðimörk
Zee	Sjó

Literatuur
Bókmenntir

Analogie	Líkingar
Analyse	Greining
Anekdote	E.
Auteur	Höfundur
Biografie	Ævisaga
Conclusie	Niðurstaða
Dialoog	Umræðu
Fictie	Skáldskapur
Gedicht	Ljóð
Mening	Álit
Metafoor	Myndlíking
Poëtisch	Ljóðræn
Rijm	Rím
Ritme	Taktur
Roman	Skáldsaga
Stijl	Stíl
Thema	Þema
Tragedie	Harmleikur
Vergelijking	Samanburður
Verteller	Sögumaður

Meditatie
Hugleiðsla

Aandacht	Athygli
Aanvaarding	Samþykki
Ademhaling	Öndun
Beweging	Samtök
Dankbaarheid	Þakklæti
Emoties	Tilfinningar
Gedachten	Hugsanir
Geluk	Hamingja
Helderheid	Skýrleiki
Kalm	Logn
Mededogen	Samúð
Mentaal	Andlegt
Muziek	Tónlist
Natuur	Náttúran
Observatie	Athugun
Perspectief	Sjónarhorni
Stilte	Þögn
Vrede	Friður
Vriendelijkheid	Góðvild
Wakker	Vakandi

Meer Informatie
Vísindaskáldskapur

Bioscoop	Kvikmyndahús
Boeken	Bækur
Brand	Eldur
Denkbeeldig	Ímyndað
Dystopie	Dystópía
Explosie	Sprenging
Extreem	Extreme
Fantastisch	Frábær
Illusie	Blekking
Klonen	Klón
Mysterieus	Dularfullur
Orakel	Véfrétt
Planeet	Reikistjarna
Realistisch	Raunhæft
Robots	Vélmenni
Scenario	Atburðarás
Sterrenstelsel	Galaxy
Technologie	Tækni
Utopie	Útópía
Wereld	Heimur

Menselijk Lichaam
Mannslíkaminn

Been	Fótur
Bloed	Blóð
Elleboog	Olnboga
Enkel	Ökkla
Hand	Hönd
Hart	Hjarta
Hersenen	Heili
Hoofd	Höfuð
Huid	Húð
Kaak	Kjálka
Kin	Höku
Knie	Hné
Maag	Magi
Mond	Munnur
Nek	Háls
Neus	Nef
Oor	Eyra
Schouder	Öxl
Tong	Tunga
Vinger	Fingur

Metingen
Mælingar

Breedte	Breidd
Byte	Bæti
Centimeter	Sentimetr
Decimaal	Aukastaf
Diepte	Dýpt
Gewicht	Þyngd
Gram	Gramm
Hoogte	Hæð
Inch	Tommu
Kilogram	Kíló
Kilometer	Kílómetra
Lengte	Lengd
Liter	Lítri
Massa	Messi
Meter	Mælir
Minuut	Mínúta
Ons	Únsa
Pint	Hálfpottur
Ton	Tonn
Volume	Bindi

Meubels
Húsgögn

Bank	Bekkur
Bed	Rúm
Boekenkast	Bókaskápur
Bureau	Skrifborð
Dekbedden	Hugga
Dressoir	Kommóða
Fauteuil	Hægindastóll
Gordijnen	Gluggatjöld
Hangmat	Hengirúm
Kussen	Koddi
Kussens	Púðar
Lamp	Lampi
Matras	Dýna
Planken	Hillur
Spiegel	Spegill
Stoel	Stól
Tapijt	Gólfmotta

Muziekinstrumenten
Hljóðfæri

Banjo	Banjó
Cello	Selló
Fagot	Fagott
Fluit	Flautu
Gitaar	Gítar
Gong	Gong
Harp	Harpa
Hobo	Óbó
Klarinet	Klarinett
Mandoline	Mandólín
Marimba	Marimba
Mondharmonica	Munnhörpu
Percussie	Slagverk
Piano	Píanó
Saxofoon	Saxófón
Tamboerijn	Bumbur
Trombone	Básúna
Trommel	Tromma
Trompet	Trompet
Viool	Fiðlu

Mythologie
Goðafræði

Archetype	Arketype
Bliksem	Elding
Creatie	Sköpun
Cultuur	Menning
Donder	Þrumur
Doolhof	Völundarhús
Gedrag	Hegðun
Held	Hetja
Hemel	Himnaríki
Jaloezie	Öfund
Kracht	Styrkur
Krijger	Stríðsmaður
Legende	Þjóðsaga
Magisch	Töfrandi
Monster	Skrímsli
Onsterfelijkheid	Ódauðleika
Ramp	Hörmung
Sterfelijk	Dauðleg
Wezen	Skepna
Wraak	Hefnd

Natuur
Náttúran

Arctisch	Arktískur
Bijen	Býflugur
Bos	Skógur
Dieren	Dýr
Dynamisch	Kvik
Erosie	Rof
Gebladerte	Sm
Gletsjer	Jökull
Heiligdom	Helgidómur
Klippen	Klettar
Mist	Þoka
Rivier	River
Schoonheid	Fegurð
Schuilplaats	Skjól
Sereen	Serene
Tropisch	Tropical
Vitaal	Líflegt
Wild	Villt
Woestijn	Eyðimörk
Wolken	Ský

Oceaan
Haf

Aal	Áll
Algen	Þörunga
Boot	Bátur
Dolfijn	Höfrungur
Garnaal	Rækja
Getijden	Sjávarföll
Haai	Hákarl
Koraal	Kórall
Krab	Krabbi
Kwal	Marglytta
Octopus	Kolkrabbi
Oester	Ostra
Rif	Rif
Schildpad	Skjaldbaka
Spons	Svampur
Storm	Stormur
Tonijn	Túnfiskur
Vis	Fiskur
Walvis	Hvalur
Zout	Salt

Piraten
Sjóræningjar

Anker	Akkeri
Avontuur	Ævintýri
Bemanning	Áhöfn
Eiland	Eyja
Gevaar	Hætta
Goud	Gull
Grot	Helli
Kaart	Kort
Kapitein	Kaptein
Kompas	Áttavita
Legende	Þjóðsaga
Litteken	Ör
Oceaan	Haf
Papegaai	Páfagaukur
Rum	Romm
Schat	Fjársjóður
Slecht	Slæmt
Strand	Fjara
Vlag	Fána
Zwaard	Sverð

Regenwoud
Regnskógur

Amfibieën	Froskdýr
Behoud	Varðveislu
Botanisch	Botanical
Diversiteit	Fjölbreytni
Gemeenschap	Samfélag
Inheems	Frumbyggja
Insecten	Skordýr
Jungle	Frumskógur
Klimaat	Veðurfar
Mos	Moss
Natuur	Náttúran
Overleving	Lifun
Respect	Virðing
Restauratie	Endurreisn
Soort	Tegund
Toevlucht	Athvarf
Vogels	Fuglar
Waardevol	Dýrmætur
Wolken	Ský
Zoogdieren	Spendýr

Restaurant #1
Veitingastaður #1

Allergie	Ofnæmi
Bord	Diskur
Brood	Brauð
Eten	Að Borða
Ingrediënten	Hráefni
Kassier	Gjaldkeri
Keuken	Eldhús
Kip	Kjúklingur
Koffie	Kaffi
Kom	Skál
Menu	Matseðill
Mes	Hníf
Pittig	Sterkan
Reservering	Pöntun
Saus	Sósa
Servet	Servíetta
Toetje	Eftirréttur
Vlees	Kjöt
Voedsel	Matur

Restaurant #2
Veitingastaður #2

Cake	Kaka
Diner	Kvöldmatur
Drank	Drykkur
Eieren	Egg
Fruit	Ávöxtur
Groente	Grænmeti
Heerlijk	Ljúffengur
Ijs	Ís
Lepel	Skeið
Lunch	Hádegisverður
Noedels	Núðlur
Ober	Þjónn
Salade	Salat
Soep	Súpa
Specerijen	Krydd
Stoel	Stól
Vis	Fiskur
Vork	Gaffal
Water	Vatn
Zout	Salt

Rijden
Akstur

Auto	Bíll
Brandstof	Eldsneyti
Garage	Bílskúr
Gas	Gas
Gevaar	Hætta
Kaart	Kort
Licentie	Leyfi
Motor	Mótor
Motorfiets	Mótorhjól
Ongeluk	Slys
Politie	Lögreglan
Remmen	Bremsur
Snelheid	Hraði
Straat	Gata
Tunnel	Göng
Veiligheid	Öryggi
Verkeer	Umferð
Voetganger	Gangandi
Vrachtauto	Vörubíll
Weg	Vegur

Schaken
Skák

Diagonaal	Ská
Kampioen	Meistari
Koning	Konungur
Koningin	Drottning
Leren	Að Læra
Offer	Fórn
Passief	Aðgerðalaus
Punten	Stig
Reglement	Reglur
Slim	Snjall
Spel	Leikur
Speler	Leikmaður
Strategie	Stefnu
Tegenstander	Mótmælandi
Tijd	Tími
Toernooi	Mót
Uitdagingen	Áskoranir
Wedstrijd	Keppni
Wit	Hvítur
Zwart	Svart

School #1
Skólanum #1

Alfabet	Stafrófið
Antwoorden	Svör
Bibliotheek	Bókasafn
Boeken	Bækur
Bureau	Skrifborð
Cijfers	Tölur
Examens	Próf
Klaslokaal	Skólastofa
Leraar	Kennari
Leren	Að Læra
Lunch	Hádegisverður
Mappen	Möppur
Markeringen	Merkjum
Papier	Pappír
Pennen	Penna
Plezier	Gaman
Potlood	Blýantur
Stoel	Stóll
Vrienden	Vinir
Wiskunde	Stærðfræði

School #2
Skólanum #2

Academisch	Akademískt
Bibliotheek	Bókasafn
Bus	Rútu
Computer	Tölvu
Grammatica	Málfræði
Huiswerk	Heimavinna
Kalender	Dagatal
Leraar	Kennari
Literatuur	Bókmenntir
Onderwijs	Menntun
Papier	Pappír
Pennen	Penna
Potlood	Blýantur
Rugzak	Bakpoki
Schaar	Skæri
Schoenen	Skór
Weekend	Helgar
Wetenschap	Vísindi
Wiskunde	Stærðfræði
Woordenboek	Orðabók

Specerijen
Krydd

Anijs	Anís
Bitter	Bitur
Gember	Engifer
Kaneel	Kanil
Kardemom	Kardemommu
Kerrie	Karrý
Knoflook	Hvítlaukur
Komijn	Kúmen
Koriander	Kóríander
Kruidnagel	Negull
Nootmuskaat	Múskat
Paprika	Paprika
Peper	Pipar
Saffraan	Saffran
Smaak	Bragð
Ui	Laukur
Vanille	Vanillu
Venkel	Fennel
Zoet	Sætur
Zout	Salt

Speelgoed
Leikföng

Ambachten	Handverk
Auto	Bíll
Bal	Bolti
Boeken	Bækur
Boot	Bátur
Drums	Trommur
Favoriet	Uppáhalds
Fiets	Reiðhjól
Games	Leikir
Klei	Leir
Pop	Dúkka
Puzzel	Þraut
Robot	Vélmenni
Schaak	Skák
Trein	Lest
Verbeelding	Ímyndunarafl
Verf	Málningu
Vlieger	Flugdreka
Vliegtuig	Flugvél
Vrachtauto	Vörubíll

Sport
Íþróttir

Atleet	Íþróttamaður
Basketbal	Körfubolti
Beweging	Samtök
Fiets	Reiðhjól
Golf	Golf
Gymnasium	Íþróttahús
Gymnastiek	Leikfimi
Hockey	Hokkí
Honkbal	Hafnabolti
Kampioenschap	Úrslita
Scheidsrechter	Dómari
Spel	Leikur
Speler	Leikmaður
Stadion	Völlinn
Team	Lið
Tennis	Tennis
Trainer	Þjálfari
Winnaar	Sigurvegari
Zwemmen	Að Synda

Stad
Bærinn

Apotheek	Apótek
Bakkerij	Bakarí
Bank	Banki
Bibliotheek	Bókasafn
Bioscoop	Kvikmyndahús
Bloemist	Blómabúð
Boekhandel	Bókabúð
Dierentuin	Dýragarður
Galerij	Gallerí
Hotel	Hótel
Luchthaven	Flugvöllur
Markt	Markaður
Museum	Safn
Salon	Snyrtistofa
School	Skóli
Stadion	Völlinn
Supermarkt	Matvörubúð
Theater	Leikhús
Universiteit	Háskóli
Winkel	Verslun

Strand
Strönd

Blauw	Blár
Boot	Bátur
Dok	Bryggju
Eiland	Eyja
Handdoek	Handklæði
Krab	Krabbi
Kust	Ströndinni
Lagune	Lón
Oceaan	Haf
Paraplu	Regnhlíf
Rif	Rif
Sandalen	Skó
Schelpen	Skeljar
Vakantie	Frí
Zand	Sandur
Zee	Sjó
Zeilboot	Seglbátur
Zon	Sól
Zwemmen	Að Synda

Surfen
Brimbretti

Atleet	Íþróttamaður
Beginner	Byrjandi
Extreem	Extreme
Golf	Bylgja
Kampioen	Meistari
Kracht	Styrkur
Maag	Magi
Menigte	Mannfjöldi
Oceaan	Haf
Plezier	Gaman
Populair	Vinsæll
Rif	Rif
Schuim	Froðu
Snelheid	Hraði
Spray	Úða
Stijl	Stíl
Strand	Fjara
Weer	Veður
Zwemmen	Að Synda

Technologie
Tækni

Bericht	Skilaboð
Bestand	Skrá
Blog	Blogg
Browser	Vafra
Bytes	Bæti
Camera	Myndavél
Computer	Tölvu
Cursor	Bendill
Digitaal	Stafræn
Gegevens	Gögn
Internet	Netið
Lettertype	Leturgerð
Onderzoek	Rannsóknir
Scherm	Skjár
Software	Hugbúnaður
Statistiek	Tölfræði
Veiligheid	Öryggi
Virtueel	Raunverulegur
Virus	Veira

Tijd
Tíminn

Dag	Dagur
Decennium	Áratugur
Eeuw	Öld
Gisteren	Í Gær
Jaar	Ár
Jaarlijks	Árlega
Kalender	Dagatal
Klok	Klukka
Maand	Mánuður
Middag	Hádegi
Minuut	Mínúta
Na	Eftir
Nacht	Nótt
Nu	Núna
Ochtend	Morgunn
Toekomst	Framtíð
Uur	Klukkustund
Vandaag	Í Dag
Vroeg	Snemma
Week	Vika

Tuin
Garðinum

Bank	Bekkur
Bloem	Blóm
Boom	Tré
Boomgaard	Aldingarður
Garage	Bílskúr
Gazon	Grasflöt
Gras	Gras
Hangmat	Hengirúm
Hark	Hrífa
Hek	Girðing
Onkruid	Illgresi
Rotsen	Steinar
Schop	Moka
Slang	Slönguna
Struik	Bush
Terras	Verönd
Trampoline	Trampólín
Tuin	Garður
Vijver	Tjörn
Wijnstok	Vínviður

Vakantie #1
Frí #1

Auto	Bíll
Douane	Siði
Expeditie	Leiðangur
Kaartje	Miði
Koffer	Ferðatösku
Meer	Stöðuvatn
Museum	Safn
Ontspanning	Slökun
Paraplu	Regnhlíf
Reisplan	Ferðaáætlun
Rugzak	Bakpoki
Toerist	Ferðamaður
Tram	Sporvagn
Valuta	Mynt
Vertrek	Brottför
Vliegtuig	Flugvél
Zwemmen	Að Synda

Vakantie #2
Frí #2

Bergen	Fjöll
Bestemming	Áfangastaður
Buitenlander	Útlendingur
Buitenlands	Erlendum
Eiland	Eyja
Foto'S	Myndir
Hotel	Hótel
Kaart	Kort
Kamperen	Útjæða
Luchthaven	Flugvöllur
Paspoort	Vegabréf
Reis	Ferð
Strand	Fjara
Taxi	Taxi
Tent	Tjald
Trein	Lest
Vakantie	Frí
Vervoer	Samgöngur
Vrije Tijd	Tímist
Zee	Sjó

Verjaardag
Afmælisdagur

Cake	Kaka
Dag	Dagur
Geboren	Fæddur
Gelukkig	Hamingjusamur
Geschenk	Gjöf
Herinneringen	Minningar
Jaar	Ár
Jong	Ungur
Kaarsen	Kerti
Kaarten	Spil
Kalender	Dagatal
Lied	Lag
Ouder	Eldri
Plezier	Gaman
Speciaal	Sérstakt
Tijd	Tími
Uitnodigingen	Boð
Viering	Hátíð
Vrienden	Vinir
Wijsheid	Viski

Vissen
Veiðar

Aas	Beita
Apparatuur	Búnaður
Boot	Bátur
Draad	Vír
Geduld	Þolinmæði
Gewicht	Þyngd
Haak	Krókur
Kaak	Kjálka
Kieuwen	Tálkn
Kok	Elda
Mand	Karfa
Meer	Stöðuvatn
Oceaan	Haf
Overdrijving	Ýkjur
Rivier	River
Seizoen	Árstíð
Strand	Fjara
Vinnen	Uggar
Water	Vatn

Vliegtuigen
Flugvélar

Afdaling	Uppruna
Atmosfeer	Stjórnmál
Avontuur	Ævintýri
Ballon	Blöðru
Bemanning	Áhöfn
Bouw	Smíði
Brandstof	Eldsneyti
Geschiedenis	Saga
Hemel	Himinn
Hoogte	Hæð
Landen	Lending
Lucht	Loft
Motor	Vél
Navigeren	Sigla
Ontwerp	Hönnun
Passagier	Farþegi
Piloot	Flugmaður
Richting	Stefnu
Turbulentie	Ókyrrð
Waterstof	Vetnl

Voeding
Næringu

Bitter	Bitur
Calorieën	Hitaeiningar
Dieet	Mataræði
Eetbaar	Ætur
Eetlust	Matarlyst
Eiwitten	Prótein
Evenwichtig	Rólegur
Fermentatie	Gerjun
Gewicht	Þyngd
Gezond	Heilbrigður
Gezondheid	Heilsa
Koolhydraten	Kolvetni
Kwaliteit	Gæði
Saus	Sósa
Smaak	Bragð
Spijsvertering	Melting
Toxine	Eiturefni
Vitamine	Vítamín
Vloeistoffen	Vökva
Voedingsstof	Næringarefni

Voertuigen
Ökutæki

Ambulance	Sjúkrabíll
Auto	Bíll
Banden	Dekk
Bestelwagen	Van
Boot	Bátur
Bus	Rúta
Caravan	Hjólhýsi
Fiets	Reiðhjól
Helikopter	Þyrla
Motor	Mótor
Onderzeeër	Kafbátur
Raket	Eldflaug
Scooter	Vespu
Taxi	Taxi
Tractor	Dráttarvél
Trein	Lest
Veerboot	Ferja
Vliegtuig	Flugvél
Vlot	Fleki
Vrachtauto	Vörubíll

Vogels
Fuglar

Duif	Dúfa
Eend	Önd
Ei	Egg
Flamingo	Flamingo
Gans	Gæs
Kip	Kjúklingur
Koekoek	Gaukur
Kraai	Kráka
Meeuw	Máfur
Mus	Sparrow
Ooievaar	Storkur
Papegaai	Páfagaukur
Pauw	Peacock
Pelikaan	Pelican
Pinguïn	Mörgæs
Reiger	Heron
Struisvogel	Strútur
Toekan	Toucan
Uil	Ugla
Zwaan	Svanur

Vormen
Form

Bol	Kúla
Boog	Arc
Cilinder	Strokka
Cirkel	Hring
Curve	Ferill
Driehoek	Þríhyrningur
Hoek	Horn
Hyperbool	Hyperbola
Kant	Hlið
Kegel	Keila
Kubus	Teningur
Lijn	Lína
Ovaal	Sporöskjulaga
Piramide	Pýramída
Prisma	Prism
Randen	Brúnir
Rechthoek	Rétthyrningur
Ronde	Umferð
Veelhoek	Marghyrning
Vierkant	Ferningur

Wandelen
Gönguferðir

Berg	Fjall
Dieren	Dýr
Kaart	Kort
Kamperen	Útjæða
Klif	Bjarg
Klimaat	Veðurfar
Laarzen	Stígvél
Moe	Þreyttur
Muggen	Moskítóflugur
Natuur	Náttúran
Oriëntatie	Stefnumörkun
Parken	Garður
Stenen	Steinar
Top	Fundinum
Voorbereiding	Undirbúningur
Water	Vatn
Weer	Veður
Wild	Villt
Zon	Sól
Zwaar	Þungt

Water
Vatni

Douche	Sturtu
Drinkbaar	Drykkjarhæft
Geiser	Geysir
Golven	Öldur
Ijs	Ís
Irrigatie	Áveitu
Kanaal	Síkur
Meer	Lake
Moesson	Monsún
Oceaan	Haf
Orkaan	Fellibylur
Overstroming	Flóð
Regen	Rigning
Rivier	River
Sneeuw	Snjór
Stoom	Gufu
Verdamping	Uppgufun
Vochtig	Rökum
Vochtigheid	Raki
Vorst	Frost

Weersomstandigheden
Veður

Atmosfeer	Stjórnmál
Bliksem	Elding
Donder	Þrumur
Droogte	Þurrkar
Hemel	Himinn
Ijs	Ís
Klimaat	Veðurfar
Mist	Þóka
Moesson	Monsún
Orkaan	Fellibylur
Overstroming	Flóð
Polair	Polar
Regenboog	Regnbogi
Storm	Stormur
Temperatuur	Hitastig
Tornado	Tornado
Tropisch	Tropical
Vochtig	Rakt
Wind	Vindur
Wolk	Ský

Wetenschap
Vísindi

Atoom	Atóm
Chemisch	Efni
Deeltjes	Agnir
Evolutie	Þróun
Experiment	Tilraun
Feit	Staðreynd
Gegevens	Gögn
Hypothese	Tilgáta
Klimaat	Veðurfar
Methode	Aðferð
Mineralen	Steinefni
Moleculen	Sameindir
Natuur	Náttúran
Natuurkunde	Eðlisfræði
Observatie	Athugun
Organisme	Lífveru
Planten	Plöntur
Wetenschapper	Vísindamaður
Zwaartekracht	Þyngdarafl

Wetenschappelijke Discip
Vísindalegum Greinum

Anatomie	Líffærafræði
Astronomie	Stjörnufræði
Biochemie	Lífefnafræði
Biologie	Líffræði
Chemie	Efnafræði
Ecologie	Vistfræði
Fysiologie	Lífeðlisfræði
Geologie	Jarðfræði
Immunologie	Ónæmisfræði
Mechanica	Vélfræði
Meteorologie	Veðurfræði
Mineralogie	Steindafræði
Neurologie	Taugafræði
Plantkunde	Grasafræði
Psychologie	Sálfræði
Robotica	Vélmenni
Sociologie	Félagsfræði
Thermodynamica	Varmafræði
Voeding	Næring
Zoölogie	Dýrafræði

Wiskunde
Stærðfræði

Bol	Kúla
Decimaal	Aukastaf
Diameter	Þvermál
Divisie	Deild
Driehoek	Þríhyrningur
Exponent	Veldisvísir
Fractie	Brot
Geometrie	Rúmfræði
Hoeken	Horn
Omtrek	Ummál
Parallel	Samhliða
Parallellogram	Hjálíðalogram
Rechthoek	Rétthyrningur
Rekenkundig	Tölur
Som	Summa
Symmetrie	Samhverfu
Veelhoek	Marghyrning
Vergelijking	Jafna
Vierkant	Ferningur
Volume	Bindi

Zomer
Sumar

Boeken	Bækur
Duiken	Köfun
Familie	Fjölskylda
Herinneringen	Minningar
Huis	Heim
Kamperen	Útjæða
Muziek	Tónlist
Ontspanning	Slökun
Reis	Ferðast
Sandalen	Skó
Sterren	Stjörnur
Strand	Fjara
Tuin	Garður
Vakantie	Frí
Voedsel	Matur
Vreugde	Gleði
Vrienden	Vinir
Vrije Tijd	Tímist
Zee	Sjó
Zwemmen	Að Synda

Zoogdieren
Spendýr

Aap	Api
Bever	Beaver
Coyote	Sléttuúlfur
Dolfijn	Höfrungur
Ezel	Asni
Geit	Geit
Giraf	Gíraffi
Gorilla	Górilla
Hond	Hundur
Kameel	Úlfalda
Kangoeroe	Kengúra
Kat	Köttur
Konijn	Kanína
Leeuw	Ljón
Olifant	Fíl
Paard	Hestur
Stier	Naut
Vos	Refur
Walvis	Hvalur
Wolf	Úlfur

Gefeliciteerd

Je hebt het gehaald!

We hopen dat u net zoveel plezier beleeft aan dit boek als wij aan het maken ervan. We doen ons best om spellen van hoge kwaliteit te maken.
Deze puzzels zijn op een slimme manier ontworpen zodat je actief kunt leren terwijl je plezier hebt!

Vond je ze mooi?

Een Eenvoudig Verzoek

Onze boeken bestaan dankzij de recensies die zij publiceren. Kunt u ons helpen door nu een mening achter te laten ?

Hier is een korte link die u naar uw bestellingen beoordelingspagina.

BestBooksActivity.com/Recensie50

FINAAL UITDAGING!

Uitdaging nr. 1

Klaar voor uw bonusspel? We gebruiken ze de hele tijd, maar ze zijn niet zo gemakkelijk te vinden. Hier zijn **Synoniemen!**

Noteer 5 woorden die je ontdekt hebt in elk van de onderstaande puzzels (nr. 21, nr. 36, nr. 76) en probeer voor elk woord 2 synoniemen te vinden.

Notitie 5 Woorden uit *Puzzle 21*

Woorden	Synoniem 1	Synoniem 2

Notitie 5 Woorden uit *Puzzle 36*

Woorden	Synoniem 1	Synoniem 2

Notitie 5 Woorden uit *Puzzle 76*

Woorden	Synoniem 1	Synoniem 2

Uitdaging nr. 2

Nu je opgewarmd bent, noteer 5 woorden die je ontdekt hebt in elke hieronder genoteerde puzzel (nr. 9, nr. 17, nr. 25) en probeer voor elk woord 2 antoniemen te vinden. Hoeveel regels kan je doen in 20 minuten?

Notitie 5 Woorden uit **Puzzle 9**

Woorden	Antoniem 1	Antoniem 2

Notitie 5 Woorden uit **Puzzle 17**

Woorden	Antoniem 1	Antoniem 2

Notitie 5 Woorden uit **Puzzle 25**

Woorden	Antoniem 1	Antoniem 2

Uitdaging nr. 3

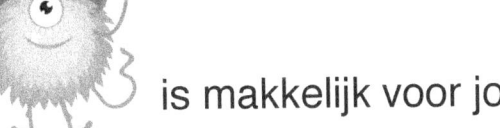

Prachtig, deze finaal uitdaging is makkelijk voor jou!

Klaar voor de laatste? Kies je 10 favoriete woorden die je in een van de puzzels hebt ontdekt en noteer ze hieronder.

1.	6.
2.	7.
3.	8.
4.	9.
5.	10.

De uitdaging is nu om met deze woorden en binnen een maximum van zes zinnen een tekst te schrijven over een persoon, dier of plaats waar je van houdt!

Tip: U kunt de laatste blanco pagina van dit boek als kladblaadje gebruiken!

Je schrijven:

NOTITIEBOEKJE:

TOT SNEL!

Linguas Classics

www.ingramcontent.com/pod-product-compliance
Lightning Source LLC
Chambersburg PA
CBHW082057120626

46553CB00011B/3443